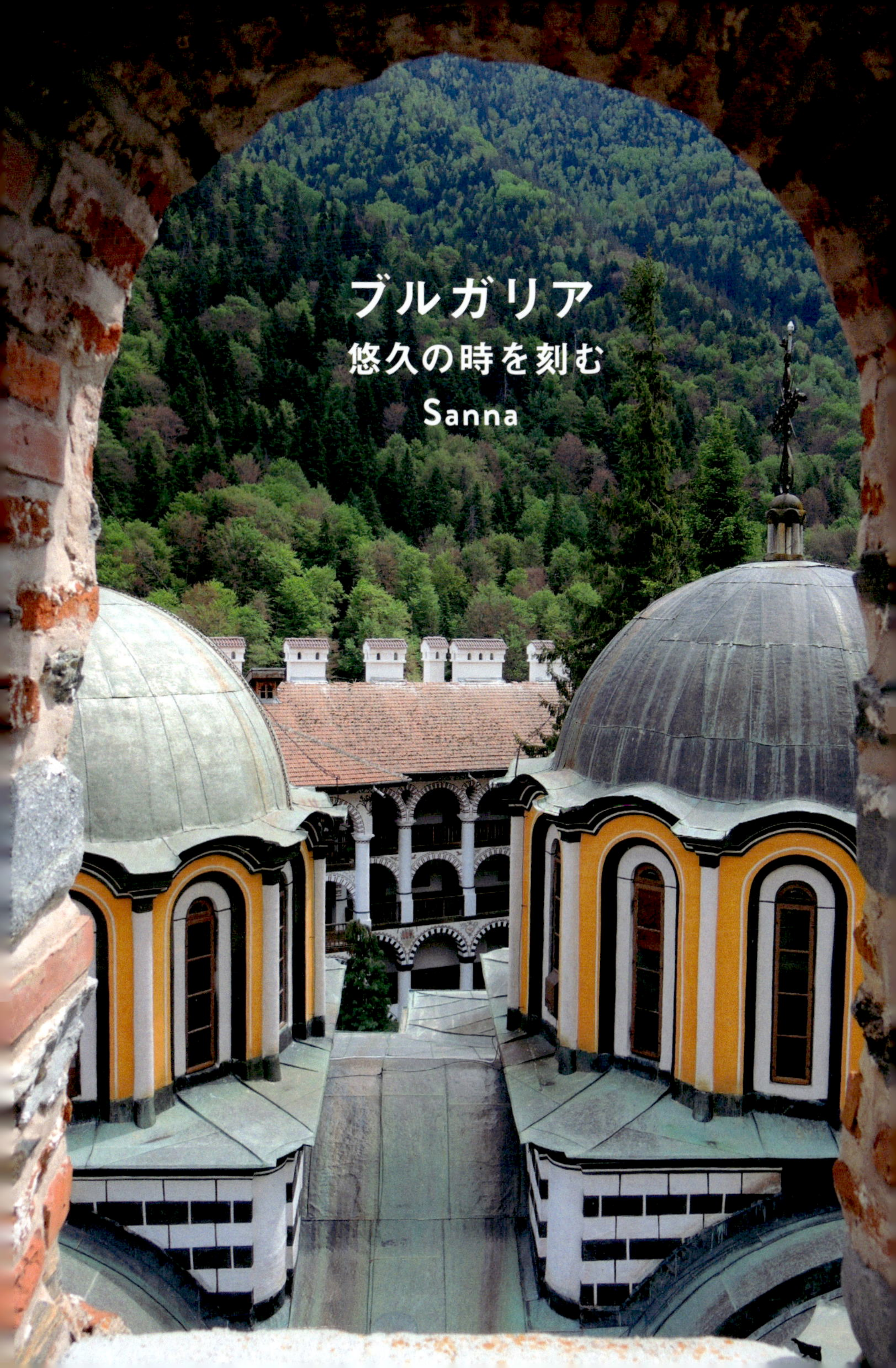

ブルガリア
悠久の時を刻む

Sanna

はじめに

ブルガリアの中央を走るバルカン山脈と
スレドナ・ゴラ山脈の間に広がる「バラの谷」は
ローズオイルの原料となるダマスクローズの産地
収穫期はバラ祭りで賑わいを見せ
民族衣装を纏った男女が軽やかに踊り、歌う
傍らではバラの女王が微笑み
ピンクの花びらが空高く舞う

旅の一番の目的は、バラ祭りだった
首都ソフィアを始め、第二の都市プロヴディフ
第二次ブルガリア帝国時代に栄えた
ヴェリコ・タルノヴォ、バラの産地カザンラク
そして黒海沿岸のヴァルナと旅するうちに
ブルガリアには多くの魅力があることを知る

古代ローマの遺跡やトラキア人の墳墓
遥か昔の人々が遺したものは
私を遠い時代へと誘ってくれた

修道院では厳かな雰囲気につつまれながら
心に静寂を取り戻す
修道士が話す言葉は理解できなかったが
耳に心地よく響いた

伝統工芸を守り続ける職人が
昔ながらの製法で作品をつくりあげ
次の世代へと繋げていくことに
静かな情熱を感じた

古い屋敷めぐりでは
かつての住人がどんな暮らしをしていたのか
想像を膨らませた

多彩な魅力にあふれるブルガリアを
本を通して、たくさんの方に伝えたい

目次

ブルガリア全体図

ブルガリアってこんなところ

ヨーロッパ南東部のバルカン半島に位置するブルガリア。東沿岸部には黒海が広がり、北部ドナウ川の向こう岸はルーマニア、西にはセルビアとマケドニア、南はトルコやギリシャに国境を接し、周辺国の影響を受けながら独自の文化を守ってきた。紀元前にはトラキア人が定住し世界最古の黄金文明を築くが、1世紀に入るとローマ帝国の支配下に。7世紀にはスラブ人と同盟を組んだブルガル人が第一次ブルガリア帝国を建国し、その後、ビザンチン帝国に滅ぼされる。12世紀にはペタルとアセンの兄弟が第二次ブルガリア帝国を建国。領土を拡大するも、14世紀後半から５００年もの間オスマン帝国に支配される。四月蜂起をきっかけにロシアが立ちあがり、露土戦争で勝利すると１８７８年にようやく独立。第二次世界大戦後はソ連の影響下に置かれ共産党が政権を握るが、１９８９年に民主化が始まり、翌年にはブルガリア共和国となる。数奇な運命をたどってきたブルガリアだが、現在はEUにも加盟し、自由な雰囲気につつまれている。

SOFIA

ソフィアとその近郊

微動だにしない大統領官邸前の衛兵

ソフィアって　こんなところ

ブルガリアの首都ソフィアは、ヴィトシャ山麓にある標高５５０メートルの高原都市。人口はおよそ１２４万人、古代遺跡とモダンな建物が融合し、中心部では地下鉄工事によって偶然発見された古代都市「セルディカの遺跡」を見ることができる。ローマ帝国治政下の２世紀に５００メートル四方の城壁で囲われた町は、かつてトラキア人のセルデスという部族が住んでいたことから、「セルディカ」と名づけられ、ローマ都市として発展していった。道路や上下水道が整備され、住宅や商業施設、教会ほか、公衆浴場なども完備されていたことが、遺跡からうかがえる。14世紀から５００年続いたオスマン帝国時代のモスクや教会も残っており、歴史ある建造物も人気のスポット。聖ネデリャ広場を中心に、ヴィトシャ大通りやマリア・ルイザ大通り、ツァール・オスヴォボディテル大通りが延び、街の見どころが集中している。

裏通りも雰囲気があっていい

古代ローマ時代のセルディカの遺跡

露土戦争で勝利しブルガリアを解放に導いた、ロシア皇帝アレクサンダル2世

地下鉄につながる広場には聖ペトカ地下教会、地上には女神ソフィア像が立つ

↑ソフィア中央駅　アフトガーラ・セルディカ　中央バスステーション
ソフィア・シナゴーグ Sofia Synagogue(P18)
セントラル・ハリ(中央市場)CENTRAL HALI(P26)
フルナ Furna(P30)
マリア・ルイザ大通り
バーニャ・バシ・モスク Banya Bashi Mosque(P18)
ソフィア歴史博物館 SOFIA HISTORY MUSEUM(P20)
セルディカの遺跡
観光案内所
TZUM
アレクサンダル・ネフスキー寺院
Alexander Nevsky Cathedral(P16)
女神ソフィア像
聖ペトカ地下教会 St. Petka of the Seddlers Church(P14)
地下鉄 セルディカ駅／セルディカ2駅
大統領官邸
ソフィア・ホテル・バルカン
旧共産党本部
国立自然史博物館
聖ソフィア教会
St.Sofia Church
(P17)
ハッピー バー・アンド・グリル
Happy Bar & Grill(P30)
聖ゲオルギ教会
St.George Rotunda
Church(P15)
国立美術館(本館)
裁判所
聖ネデリャ教会
St. Nedelya Church(P12)
聖ネデリャ広場
国立図書館
聖ニコライ・ロシア教会
St.Nicholas Russian
Church(P17)
国会議事堂
国立美術館(別館)
ソーシャル カフェ・バー＆キッチン
SOCIAL Café Bar & Kitchen(P29)
国立民俗博物館 NATIONAL
ETHNOGRAPHIC MUSEUM(P22)
ソフィア大学
ハジドゥラガノヴィテ・イズビー
Хаджидраганoвите изби(P28)
ヴィトシャ大通り
Hristo Belcev st
Solunska
ツァール・オスヴォボディテル大通り
ソフィア空港
チェオワ・プチェラ
Сладкарница Пчела(P31)
ダロ
Dapo
(P31)
アフトガーラ・オフチャ・クペル
Angel Kanchev
地下鉄 NDK 駅
NO.107 バス停
トロリーバス2番停留所
Patriyarh Evtimiy
ボヤナ MAP
ブルガリア広場
国立歴史博物館
NATIONAL
MUSEUM OF
HISTORY(P24)
ソフィア中心地 MAP
国立文化宮殿
NO.64 バス停
ボヤンスコ・ハンチェ バス停
ミレニアムセンター 24F／
ザ・ビュー・レストラン
The view restaurant(P29)
ボヤナ教会
Boyana Church(P19)

ソフィア・メトロ路線図

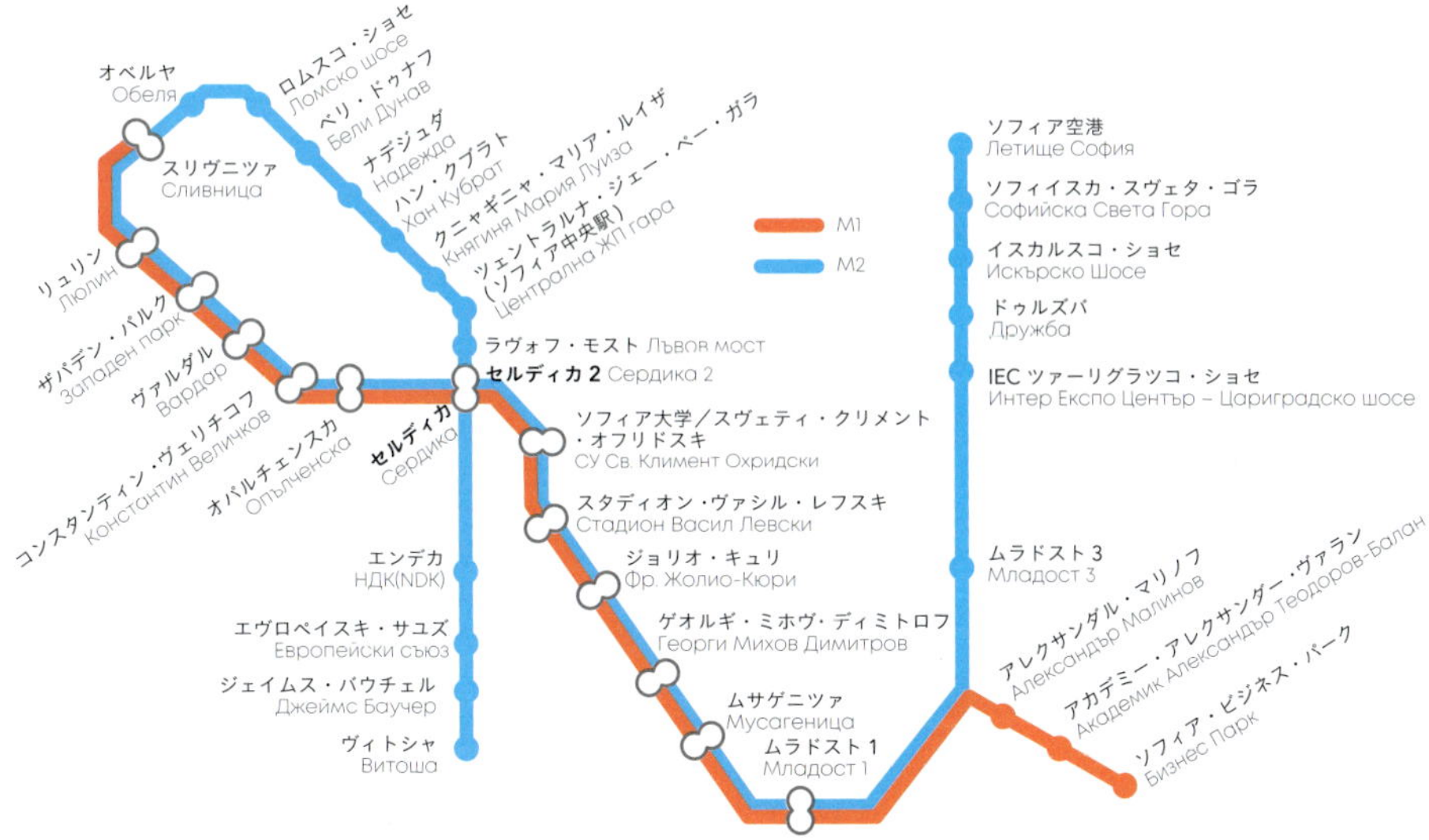
M1
M2
オベルヤ
Обеля
ロムスコ・ショセ
Ломско шосе
ベリ・ドゥナフ
Бели Дунав
ナデジュダ
Надежда
ハン・クブラト
Хан Кубрат
クニャギニャ・マリア・ルイザ
Княгиня Мария Луиза
ツェントラルナ・ジェー・ペー・ガラ
(ソフィア中央駅)
Централна ЖП гара
スリヴニツァ
Сливница
リュリン
Люлин
ザパデン・パルク
Западен парк
ヴァルダル
Вардар
コンスタンティン・ヴェリチコフ
Константин Величков
オパルチェンスカ
Опълченска
セルディカ
Сердика
ラヴォフ・モスト Лъвов мост
セルディカ2 Сердика 2
ソフィア大学／スヴェティ・クリメント
・オフリドスキ
СУ Св. Климент Охридски
スタディオン・ヴァシル・レフスキ
Стадион Васил Левски
ジョリオ・キュリ
Фр. Жолио-Кюри
ゲオルギ・ミホヴ・ディミトロフ
Георги Михов Димитров
ムサゲニツァ
Мусагеница
ムラドスト1
Младост 1
エンデカ
НДК(NDK)
エヴロペイスキ・サユズ
Европейски съюз
ジェイムス・バウチェル
Джеймс Баучер
ヴィトシャ
Витоша
ソフィア空港
Летище София
ソフィイスカ・スヴェタ・ゴラ
Софийска Света Гора
イスカルスコ・ショセ
Искърско Шосе
ドゥルズバ
Дружба
IEC ツァーリグラツコ・ショセ
Интер Експо Център – Цариградско шосе
ムラドスト3
Младост 3
アレクサンダル・マリノフ
Александър Малинов
アカデミー・アレクサンダー・ヴァラン
Академик Александър Теодоров-Балан
ソフィア・ビジネス・パーク
Бизнес Парк

古代遺跡とともにある街

ブルガリアの旅のスタートは、首都ソフィアから。メトロのセルディカ2駅を降りて、改札を出る途中、目にしたのが古代都市「セルディカの遺跡」だった。地下鉄工事で偶然発見されたものだ。外に出ると、やはりそこにも遺跡があった。壁や土台の一部が残っており、説明書きを読みながら一人想像をめぐらす。650㎡以上の広さの土地に、中庭を囲むように部屋が並んでいたというのは、「フェリックスの家」。4〜6世紀頃の裕福な市民の住居跡だ。客殿の床には、家の主人と思われるフェリックスという人物の名がモザイクで記されていたそうだ。半円形のプールと床暖房付きの部屋があったのは公衆浴場。プールの内側は大理石のタイルでできていたという。「セルディカの遺跡」は、旧共産党本部前の地下道でも見ることができる。

ヴィトシャ大通りへ移動すると、モダンなカフェやレストラン、ショップが立ち並び、賑わ

セルディカ2駅を降りて外に出ると、セルディカの遺跡が広がっていた

いを見せていた。ヴィトシャ山を前方に望みながら、ブルガリア広場まで続く道を歩く。オープンカフェで寛ぐ人々や、気ままに通りを歩くネコ、昼寝をするイヌの姿もあって平和なムードが漂う。裏通りに入ると人影はまばらだが、穴場のカフェが並ぶ一角も。少し休憩してから、ソフィア大学のあるツァール・オスヴォボディテル大通りへ向かう。教会や博物館に立ち寄りながら、旧共産党本部まで来ると、女神ソフィアの像が凛とした姿でこちらを見ていた。右手に月桂樹の輪、左腕にはフクロウをのせている。首都名でもあるソフィアは、英知という意味があり、この女神像もその名にふさわしいオーラを放っていた。

女神ソフィア像が街を見守っている

旧共産党本部の右側がツァール・オスヴォボディテル大通り

ヴィトシャ大通りは、ソフィアのメインストリート

CHURCH

教会めぐり

ソフィアの街には、様々な時代に建てられた教会や寺院が点在している。美しい内部装飾を鑑賞しながら、教会めぐりを楽しもう！

St. Nedelya Church
聖ネデリャ教会

広場に立つドーム型の教会

ソフィアの中心地、聖ネデリャ広場に立つブルガリア正教の教会。ドームをもつネオビザンチン様式のこの建物は、10世紀に建立された当時は木造の小さな教会だった。セルビアの支配下にあった時、セルビア王の遺骨が納められたことから、一時期〝王の教会〟と呼ばれていたことも。1858年に地震による被害があったほか、1925年にはコミュニストによる爆弾テロがあり、128人もの犠牲者が出た。葬儀に出席していた国王ボリス3世らを狙ったものだったが、国王は無事だったという。そんな悲しい事件があった教会だ

DATA
20 St.Nedelya Sq., Sofia
(02)987-57-48
7:00〜19:00
休 なし ¥ 無料
Map P9

アレクサンダル・ネフスキー寺院ができるまで、ソフィアの主教座だったという聖ネデリャ教会

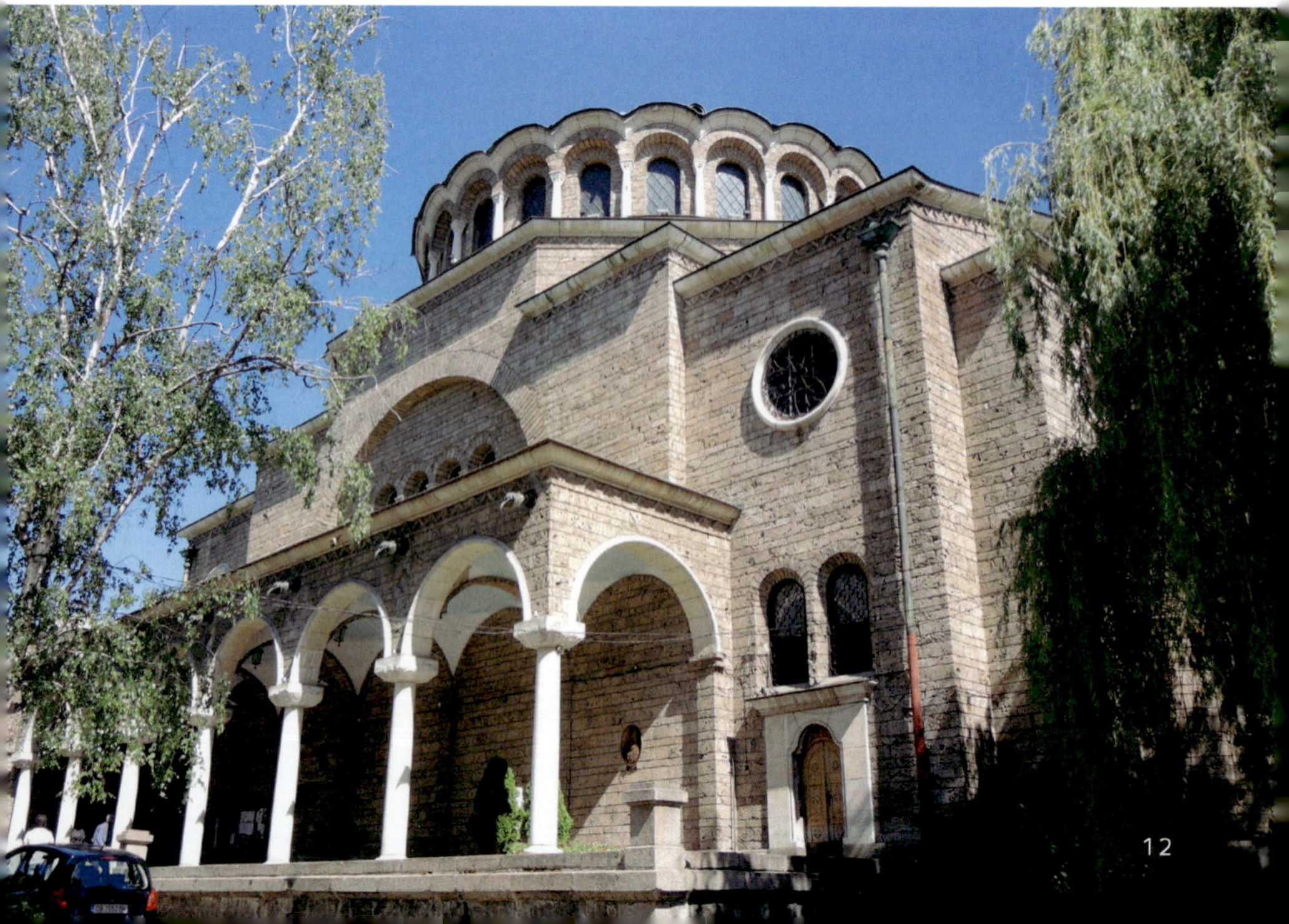

が、その後、再建され現在の姿になった。

　次々とやって来る人々に続いて、自分も教会の中に入ってみる。ちょうど、信者たちがロウソクを供えているところだった。傍らでは教会のスタッフが、短くなったロウソクを取り除く作業をしている。平日の午前中にも関わらずたくさんの人。出勤前に、神に祈りを捧げる者もいるようだ。一日の始まりに神聖な時をもつことで、心を整える効果もありそう。時間になると、皆、前方に集まり祈り始める。イコン（聖像画）で覆われたイコノスタシス（聖障）が、まばゆいばかりに輝いていたのが印象的だった。

1 ロウソクの灯りが神聖な空間をつくりだす
2 イコンにキスをして祈る人の姿も

黄金に輝くイコノスタシスの前で熱心に祈る人々

地下鉄駅につながる、セルディカの交差点に立つ聖ペトカ地下教会

St. Petka of the Seddlers Church
聖ペトカ地下教会

地下広場にひっそりとたたずむ

街の交差点にある地下広場で、ちょっと変わった光景に遭遇した。「地下から屋根がちょこんと出ているこの建物は？」。初めて見る人は誰もがそう思うだろう。14世紀末のオスマン帝国時代に建てられた半地下の教会だ。モスクより高い建物は禁じられていたため、キリスト教会はこんなこぢんまりとしたサイズに。地階の扉を開けると年配の女性が「見学できるわよ」と言うので、居合わせた人たちと一緒に中へ入る。真っ暗だった部屋に灯りが点き、階段を上って行くと、中央には剝がれかけた壁画をバックに祭壇が置かれていた。周辺にはイコンが飾られ、一枚一枚じっくり眺めた。

16世紀の壁画が残る教会内

DATA
2 Maria Luiza Blvd., Sofia
(02)980-78-99
8:00〜18:00
休 なし ¥ 無料
Map P9

異なる時代の建物に囲まれるようにして立つ、聖ゲオルギ教会とローマ遺跡

St.George Rotunda Church
聖ゲオルギ教会
ローマ遺跡が背後に広がるロトンダ

「ソフィア・ホテル・バルカン」の裏に立つレンガ造りの教会は、4世紀にローマ皇帝コンスタンティヌスによって建てられたもの。ドームのある円形建築物は当時「ロトンダ」と呼ばれ、霊廟として使われていた。6世紀には再建され、その後、教会に。内部の天井や壁には、キリストや天使、預言者などの壁画が残り、その下にはさらに古い時代の壁画が層をなしている。教会を出て建物の背後に回ると、そこにはローマ遺跡があり、スケッチをする人の姿も。ホテルや大統領官邸に囲まれたこの場所に立つと、ここだけ時間の流れが止まっているように思えた。

スケッチに夢中！

教会の正面入口

DATA
2 Dondukov, Sofia
(02)980-92-16
8:00～18:00
休なし ¥無料
www.svgeorgi-rotonda.com
Map P9

Alexander Nevsky Cathedral
アレクサンダル・ネフスキー寺院

露土戦争で戦死した兵士に捧ぐ

長年、オスマン帝国の支配下にあったブルガリアを独立へと導くため、ロシアが宣戦布告し始まった露土戦争。1878年には勝利を治めるが、ロシア、ブルガリア、その他の国からも多くの戦死者を出した。彼らを慰霊するために建てられたのが、アレクサンダル・ネフスキー寺院だ。1912年に完成したネオビザンチン様式の建物で、国内最大規模の5000人を収容できる。大理石やオニキスなどの資材は、エジプトやイタリア、ブラジルからはるばる運ばれてきたという。堂内には3つのイコノスタシスが配され、2頭のライオンが支柱を支える立派な主教座も置かれている。

1 大小12のドームをもつアレクサンダル・ネフスキー寺院 2 主教座の支柱を支えるライオン 3 一流の職人やアーティストが長い年月をかけて完成させた。地下にはイコンミュージアムがある

DATA

1 Alexander Nevsky Sq., Sofia
(02)987-09-71
7:00～19:00
休 なし ¥ 無料
Map P9

地下には、ローマ時代の墓やバシリカの遺跡が見学できるミュージアムがある

St.Sofia Church
聖ソフィア教会

かつてモスクだった赤煉瓦の教会

アレクサンダル・ネフスキー寺院からほど近い場所にあるのが聖ソフィア教会。6世紀にユスティニアヌス帝が建立したもので、オスマン帝国の支配下に置かれてからは、モスクとして使われるようになる。1858年の大地震でミナレットが倒れ、聖職者の息子二人が下敷きになって亡くなると、その不吉さから長い間放置されることに。その後、露土戦争の勝利でブルガリアは解放され、キリスト教会に復帰。建物の脇には、祖国のために命を捧げた無名兵士の慰霊碑があり、永遠の灯りがともる。

DATA
2 Ulitsa Parizh, Sofia
☎(02)987-09-71
7:00〜19:00(10〜2月〜18:00)
休 なし ¥ 無料
Map P9

St.Nicholas Russian Church
聖ニコライ・ロシア教会

5つの黄金ドームが光り輝く

ツァール・オスヴォボディテル大通り沿いに立つロシア正教会。1914年にロシア人外交官の命により建てられた。小さな5つの黄金のドームとグリーンの尖塔が美しい。鐘楼の鐘はニコライ2世から寄贈されたものだという。内部の壁画は、ロシア人アーティストによって描かれている。イコノスタシスにある4つのイコンは、キエフの聖ヴラディミル大聖堂のイコンの複製だ。多くの正教徒から奇跡を起こすと信じられた、セラフィム・ソボレフ大司教の墓が地下聖堂にあり、願い事を書くスペースが設けられている。

金色に輝くドームが美しい

DATA
3 Tsar Osvoboditel, Sofia
☎(02)986-27-15
7:45〜18:30
休 なし ¥ 無料
Map P9

Banya Bashi Mosque
バーニャ・バシ・モスク

幾何学模様がエキゾチック

オスマン帝国時代の1566年に建立されたモスク。「バーニャ」というのは風呂を意味し、この近くに浴場施設があったことに由来する。設計したミマール・スィナンという建築家は、生涯81ものモスクを建て、そのうちの一つにトルコの世界遺産セリミエ・モスクがある。早速、見学しようと思ったが、髪を隠すスカーフを持っていなかったので、入口にかかっている布マントを借りて中へ。赤い絨毯が敷き詰められ、壁や天井には、幾何学模様やコーランの文字が描かれている。ちょうど、信者が祈りを捧げていたところで、堂内は厳かな空気につつまれていた。

女性は後方のバルコニーで祈る

マリア・ルイザ大通り沿いにある

DATA
14 Maria Luiza Blvd., Sofia
☎(02)981-60-01
10:00～23:00頃
休なし ¥無料
Map P9

Sofia Synagogue
ソフィア・シナゴーグ

バルカン半島最大のシナゴーグ

セントラル・ハリの裏手に隣接するユダヤ教寺院。かつてのユダヤ人居住区に1909年に建てられた。閉館時間がせまっていたので、入ろうかどうしようか迷っていたら、スタッフが手招きをするので見学することに。中央ドームには絢爛豪華なシャンデリアが吊るされ、荘厳な雰囲気が漂う。ブルーの小さなドームには星が散りばめられ、メルヘンチックな趣きも。入口近くのテーブルには、ユダヤ教徒の男性が被る「キッパ」という帽子がいくつも並べられていた。「ハンドメイドなのよ」と、売主の女性が言う。ユダヤ教徒でなくても買いたくなるほど、かわいいデザインが揃っていた。

時々、販売しているよ

1170人収容できるシナゴーグ

シャンデリアの重さは1.7トン

DATA
16 Ekzarh Joseph Str., Sofia
☎(02)983-12-73
9:00～17:00(金・日曜～16:00)
休土曜 ¥5Lv
www.sofiasynagogue.com
Map P9

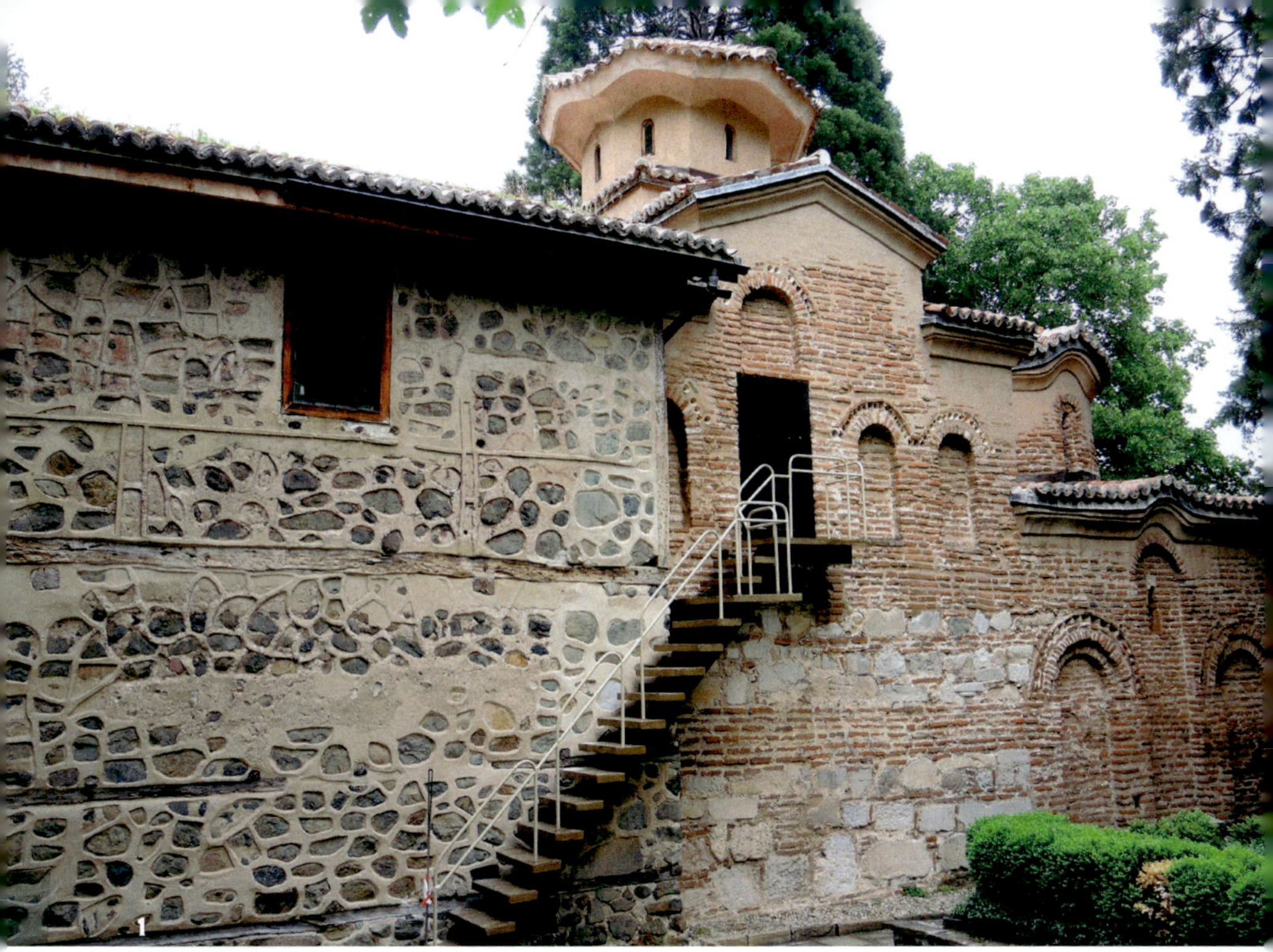

1 1979年に世界遺産に登録。右から11世紀、13世紀、19世紀の順に増築されている 2 最も古い11世紀部分 3 教会を手に持つ寄進者カロヤンと妻のディシスラヴァの壁画（写真は国立歴史博物館に展示されているレプリカ）

DATA

3 Boyansko Ezero Str., Sofia ☎(02)959-09-39 9:30〜17:30（11〜3月9:00〜17:00）休 なし ¥10Lv(国立歴史博物館共通チケット12Lv) 2番のトロリーバスに乗って終点まで行き、64or107番のバスに乗り換えBoyansko Hancheで下車、徒歩5分 www.boyanachurch.org Map P9

Boyana Church
ボヤナ教会

3つの時代をつなぐ小さな教会

ソフィア近郊のヴィトシャ山麓にある教会。11世紀に聖ニコライを祀る礼拝堂として建てられ、その後、13世紀に貴族のカロヤンが増築し、さらに19世紀にも増築された。森のような庭園を進んでいくと、小さな教会が見えてくる。看板には「一度に8名まで入室でき、見学時間は10分まで」とある。私のあとに団体客がどっと押し寄せてきたので少しあせったが、すぐ中に入れた。13世紀の礼拝堂には、カロヤン夫妻の壁画とその向かいに、当時のブルガリア皇帝夫妻の壁画も。聖ニコライが嵐から漁師を救う場面や、子どもを生き返らせる様子も描かれている。ストーリー性があって興味深い。

MUSEUM

ミュージアムへ行こう！

ブルガリアの歴史や文化を知りたくて、ミュージアムを訪れた。政治に関する展示物から、民族衣装や生活道具、王室コレクションまで、見どころが満載だ！

Sofia History Museum

ソフィア歴史博物館

時代の流れを感じるミュージアム

DATA

1 Banski Sq,Sofia ☎(02)985-44-55 10:00～18:00(5～9月11:00～19:00) 休 月曜 ¥6Lv(聖ソフィア教会地下の「ARCHAEOLOGICAL LEVEL OF THE BASILICA ST. SOPHIA」共通チケット10Lv)
www.sofiahistorymuseum.bg
Map P9

中央浴場だった建物を改装し、2014年にオープンしたソフィアの歴史博物館。紀元前6世紀から20世紀まで、幅広い時代のコレクションを見ることができる。精巧につくられた家具やエレガントなドレス、ブルガリア王室の玉座など、その贅沢さに目を奪われる。政治にまつわるものから、20世紀初頭のソフィアの街で見られたトラムや広告塔、新聞の売店といった展示物まであって、飽きることがない。時間があったら企画展示もチェックしてみよう。

1893年のフェルディナンド1世とマリア・ルイザ妃の結婚式で使われた馬車

19世紀末の居間を再現。オスマン帝国からの解放後、家具やインテリアも少しずつ変化していった

3

1

2

4

1 バーニャ・バシ・モスクの後方、バンスキ広場にある博物館 2 19世紀末のウエディングドレス 3 20世紀初頭に西ヨーロッパから輸入されたステレオスコープ。写真が立体的に見える 4 フェルディナンド1世のライティング・デスクと置時計

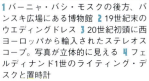

様々なデザインの民族衣装を見ることができる

National Ethnographic Museum
国立民俗博物館

ブルガリア人の民族文化に触れる

旧王宮のクリーム色の建物に入っている民俗博物館。民族衣装や工芸品、生活道具などの展示物から、ブルガリアの習慣や祭事、信仰について知ることができる。伝統衣装や刺繍も印象的だったが、ひと際目を引いたのが祭事用のパン。スタッフに尋ねると、「イースターや結婚式、クリスマスのパンもあるのよ。クリスマスには、若い男性グループが近所を回って歌を唄う「コレダリ」という風習があって、歌のお返しにドーナツ型のパンを棒にかけてもらうの。田舎のほうではまだやっていると思うわ」。ブルガリア人にとって、パンは主食であるとともに神聖な食べ物なのだ。

建物の右側が国立民俗博物館。左側は国立美術館の別館

DATA

1 Prince Alexander I Sq, Sofia
(02)805-26-21
10:00～18:00
(11～2月～17:00)
休 月曜 ¥ 5Lv
Map P9

19世紀後半に製作された本箱。フタを開けるのが楽しみになる絵柄！

デコラティブな
十字架

4

5

1 華やかな刺繍が施された女性用シャツの袖口 **2**「フィドル」という楽器は、桑やカエデ、クルミの木などを使ってつくられる **3** シャツの袖がカワイイ **4** 民族衣装を着たときにつける「koilo」という紙製の髪飾り **5** イースターのお祝い用につくられたパン（左）とクリスマスのパン（右）。どちらもレプリカ

第二次ブルガリア帝国の皇帝と皇后の王冠

National Museum of History

国立歴史博物館

先人たちの遺宝が集結

国内最大規模の歴史博物館。先史、古代トラキア、第一次・二次ブルガリア帝国、オスマン帝国支配時代、民族復興期など、時代ごとに分けて展示されている。煌びやかな皇帝と皇后の王冠にまず惹きつけられた。ベニスでつくられたという大主教の冠も見事。360個の宝石が施され、そのうち250個は現在のミャンマーから取り寄せたという。パナギュリシテ秘宝の22金のレプリカも見ごたえがある。動物や人の頭を模った角杯「リュトン」が眩しいくらいに輝いていた。円型の「フィアラ盃」も要チェック。

ヴィトシャ山麓に立つ歴史博物館。70万点以上ある収蔵品のうち、1割を展示公開している

DATA

16 Vitoshko lale Str., Sofia
(02)955-42-80
9:30〜18:00
(冬期9:00〜17:30)
休 なし
10Lv
(ボヤナ教会共通チケット12Lv)
2番のトロリーバスに乗って終点下車、徒歩3分
historymuseum.org
Map P9

1 18世紀末の聖人の聖遺物箱と聖骨箱。額部分の蓋を開け、頭がい骨の一部を入れて聖遺物箱で保管する 2 宝石を散りばめた大主教の冠。重さは2.4kgあるという 3 展示品は、金・銀の財宝や宗教装飾、埋葬品など貴重なものばかり 4 14世紀の装飾品や器。硬貨や陶器なども展示されていた 5 トラキア人の墳墓から発見された埋葬品。紀元前8〜7世紀のもの 6 儀式のときに使われていたリュトン。杯の底や突端に小さな穴が開いていて、そこからワインが流れ出てくる 7 自身の疾患部分を模った小さな型を患っている箇所に当てて眠ると、治ると信じられている

MARKET

市場でお買いもの

現地で暮らす人々がどんなものを食べているか知るために、旅先では必ず市場に立ち寄ることにしている。ローカルフードや食材だけでなく、生活雑貨や土産品も揃う中央市場に行ってみた。

Central Hali
セントラル・ハリ
小腹が空いたら巨大中央市場へ

1911年にオープンした中央市場「セントラル・ハリ」は、パリのかつての中央市場「レ・アール」をモデルに設計された。1988年に一旦営業休止となるも、リノベーションし2000年に再開。1階では肉・野菜・乳製品、パンやスイーツ、惣菜などのほか、土産品も販売している。地下1階には古着屋や美容院、フードコートが並ぶ一角に、古代ローマの遺跡も。2階に上がると、ドラッグストアなどの店舗もある。この日の夕食は、好みの惣菜を選んでイートイン。安価でおいしい惣菜屋さんは、毎日、通いたくなる。

DATA

25 Maria Luiza Blvd., Sofia
☎(02)917-61-06
7:30〜21:00
（店舗により異なる）
休 無休
Map P9

地上2階、地下1階、広さ約3200㎡の巨大な屋内市場

これで4Lvは安い！

クリームが
たっぷり！

5 マリア・ルイザ大通り沿いに立つ、ネオ・ルネサンス様式の建物 6 色とりどりの花が並ぶフラワーショップ 7 オープンスペースで、コーヒーを飲みながら休憩も

1 愛想のいい肉屋夫婦 2 焼きたてのパンほか、チョコレートたっぷりのドーナツやケーキも販売 3 「バクラヴァ」は、フィロという薄いパイ生地に細かく刻んだナッツをはさみ、シロップをしみこませた甘いお菓子 4 惣菜を買ってその場で食べられる。時間がないときにも便利

RESTAURANT&CAFE

レストラン & カフェでくつろぎタイム

首都ソフィアではブルガリアの定番料理をはじめ、様々なスタイルの食事が楽しめる。ファミリーレストランのチェーン店から地元の人御用達のカフェまで、おいしいものを求め食べ歩きを満喫してきた。

ブルガリアの煮込み料理「カヴァルマ」（右）とヨーグルトデザート

Хаджидрагановите изби

ハジドゥラガノヴィテ・イズビー

民族音楽の調べとともにブルガリアの伝統料理を

古い酒樽が並ぶワインセラーのような店内で、ブルガリアの伝統料理が堪能できる。全国各地のワインや蒸留酒のラキヤなど、アルコール類も充実。夕食時には楽団が登場し、歌と演奏を披露する。民族音楽を聴きながら、とっておきの料理をいただこう。

1 カラフルな荷車の下を通ってレストランの中へ 2 エントランス・ホールには、民族衣装や古道具がディスプレイされている 3 ランプの灯りが心地いい店内。ソファやナプキンの柄にもブルガリアらしさが感じられる 4 それぞれのテーブルを回りながら演奏する。リクエストはないかとたずねられることも

DATA

18 Hristo Belchev Str., Sofia ☎ (02)981-81-48 11:30〜24:00 休 なし(楽団は日・月曜休み) www.izbite.com Map P9

SOCIAL Café Bar&Kitchen
ソーシャル カフェ・バー&キッチン

モダンでカジュアル ヨーロピアン料理の店

パスタやリゾット、ピザなど、イタリアンを中心とした料理が味わえるレストラン。開放的な店内ほか、外のテーブル席でも食事が楽しめる。メニューには、カクテルやビール、ワインほか、ケーキやタルトも。週末にはミュージックイベントを開催している。

DATA
16 Vitosha Blvd., Sofia
☎(087)676-7647
9:00〜翌2:00
休 なし
www.socialcafe.bg
Map P9

1 晴れていたらオープンエアの席もオススメ 2 明るく感じのいいスタッフ 3 カフェやバーとしての利用もできる 4 ピスタチオ&エビのパスタ」13.99Lvとブルガリアのビール「Zagorka」1.99Lv

The view restaurant
ザ・ビュー・レストラン

ソフィアの街を一望するスタイリッシュなレストラン

2017年にオープンしたレストランで、贅沢な眺望と洗練された料理が自慢。2フロアに分かれており、個室も完備している。ウエディングやプロムなどのパーティーに利用されることもあるとか。街の景色を眺めながら、優雅に食事を楽しみたい。

タラのフライをオーダー

DATA
Millenium Center 24F 89B Vitosha Blvd., Sofia ☎(02)442-41-24
7:30〜23:30(土曜9:00〜、日曜10:00〜) 休 なし
theview.bg Map P9

1 特別な日に利用する人も多い 2 国立文化宮殿から北に広がる街の中心地を一望 3 ミレニアム・センターの24階にある

Happy Bar&Grill
ハッピー バー・アンド・グリル

スシも味わえる ファミリー・レストラン

ソフィアのほか、プロヴディフ、ヴァルナなど、他市にも店舗をもつレストランのチェーン店。ヨーロピアン料理から日本のスシまで、メニューが豊富に揃う。特にスシの種類の多さには驚く。日本食が恋しくなったら、ここに来るのもいいだろう。家族連れにも人気だ。

1 ファミリー・レストランのようなカジュアルな雰囲気の店 2「Samurai」5.99Lvと名づけられた、スモークサーモンの巻きズシ。「Geisha」や「Fuji」「Zen」といった名のスシも 3 幅広いメニューが自慢のレストラン

DATA
4 St.Nedelya Square, Sofia
☎(070)020-888
11:00～24:00 休なし
www.happy.bg
Map P9

Furna
フルナ

バニッツァの種類が豊富 毎日通いたくなるカフェ

ブルガリア人が朝食によく食べるバニッツァほか、クロワッサン、グリッツィーニなどが、カウンターに並ぶ。ティラミスやレモンチーズケーキなど、スイーツも充実。ベリーのBIOジュースは、6種類用意し炭酸で割って飲むこともできる。

1 気さくなスタッフがいるカフェ 2 店内はナチュラル感のある設え 3 テラス席は開放的で気持ちいい

ミルキームースとストロベリートニック

DATA
3 Stefan Stambolov Blvd., Sofia
☎(089)449-6659
8:00～20:00
休なし Furna.bg
Map P9

1 オーナー兼シェフのダロさんが一人で切り盛りしている 2 こぢんまりとした店内には、ジャムやピクルスがインテリアとしてディスプレイされている 3 店名は「ダポ」と思いきや、「ダロ」と読む

Даро
ダロ

居心地のいいカフェで和みのひととき

ビジネスマンだったダロさんが、2016年にオープンしたカフェ。チーズケーキやエクレアなどのスイーツほか、オムレツやキッシュ、サンドイッチなどの軽食もある。外国人ツーリストが朝食を食べに来ることも多いとか。ブルガリアの朝食の定番バニッツァが人気。

レーズン・ブリオッシュとカプチーノ

DATA

20 Angel Kanchev Str., Sofia
☎(088)370-5757
8:00～18:00
(土・日曜9:00～15:00)
休 なし **Map** P9

1 笑顔が印象的なスタッフ 2 どのケーキもおいしそう！ 3 地元の人も通うスイーツ&カフェ

Сладкарница Пчела
チェオワ・プチェラ

ローカルから愛される街のケーキ屋さん

昔ながらのケーキが並ぶスイーツ&カフェ。素朴で懐かしい味わいのケーキを目当てに、地元の人たちが多く来店する。人気のケーキは、「ヤボコボ」というアップルケーキ。見た目は地味だが、やさしい甘さがどの世代からも受けている。テラス席でゆったり、ティータイムを過ごすのもいい。

一番人気のヤボコボ

DATA

15 Angel Kanchev Str., Sofia
☎(02)988-87-85
7:30～20:00
(土・日曜8:00～)
休 なし **Map** P9

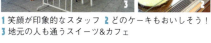

01
リラ修道院
#日帰りトリップ

ソフィアから南へ約60km、リラ山脈の奥地にたたずむリラ修道院は、10世紀にイヴァン・リルスキによって創設されたブルガリア正教の総本山。ストライプの模様が印象的な聖母教会と高さ23mのフレリョの塔を囲む建物はまるで城壁のよう。門をくぐると、どんな世界が広がっているのだろう。

静謐な山中にたたずむリラ修道院へ

10時20分にソフィアを出発したバスが、山道を走り抜けリラ修道院に到着したのがちょうど13時。「帰りのバスは15時出発ですよ」とドライバーが叫び、慌ててバスを降りる。果たして2時間で回れるだろうか。不安に思いながら目の前の門をくぐると、そこには5つのドームをもつストライプ模様の聖母教会が堂々と構えていた。回廊には極彩色の壁画が描かれ、キリストや聖母マリア、聖人、悪魔の姿もある。天国と地獄を描いた「最後の審判」の絵が衝撃的。

教会の中に入ってみると、贅を極めたシャンデリアの奥に黄金のイコノスタシスとイヴァン・リルスキの聖遺物があった。左手の骨の部分だけガラス張りになっていて、ガラス越しにキスをして祈る者も。振り返ると、修道士が葉っぱの束を振りながら何か唱えている。夫婦らしき二人がお守りのようなものを託し、祈祷してもらっているところだった。熱心な信者が今も絶えないようだ。

DATA

Rila Monasteryリラ修道院 Rila Monastery2643,Rila ☎(07)054-22-08 7:00～20:00（博物館～17:00） 休なし ¥無料 ※ミュージアムは有料 アフトガーラ・オフチャ・クペル（バスターミナル）から、リラ修道院行きのバスに乗って終点下車（直行バスは10:20発のみ） www.rilamonastery.pmg-blg.com Map P6

1 ストライプ模様が特徴的な聖母教会。内部には3つの祭壇と2つのチャペル、木彫りに金をあしらったイコノスタシスがある 2 デュプニッツァ門から入って敷地内へ 3 標高1147m、人里離れた山奥に立つリラ修道院。1983年に世界遺産に登録された

1 聖母教会とフレリョの塔を囲む建物には、かつて300以上の宿坊があった 2 回廊の壁や天井には極彩色の絵がびっしり。教会全体で1200もの場面が描かれている 3 聖母教会の壁画は、イコン画家として高名なザハリー・ゾグラフをはじめとする多くの画家たちによるもの

ブルガリア人の精神的支え

羊飼いだったイヴァン・リルスキが、リラ山中の洞窟にこもり隠遁生活に入ったのが25歳のとき。信仰心の厚さと数々の奇跡を起こしたことから賛同する人たちが集まり、修道院を創設することになった。第二次ブルガリア帝国時代には、王や貴族からの寄進もあり、広大な土地で自給自足の生活を送るようになる。イコンや木彫り、写本、書物の製作なども行われ、教育や文化の中心となった。オスマン帝国時代に入っても、修道院での文化的な暮らしは守られたという。

敷地内にはいくつかミュージアムもある。「歴史ミュージアム」で特に目を奪われたのが、緻密な彫り物が施されている「ラファエルの十字架」。完成に12年を費やした修道士はその後、失明してしまったそうだ。古いキッチンのミュージアムも、当時の様子がうかがえて見どころが満載。

©Rila Monastery

2

3

1 1335年に当時の領主によって建てられた「フレリョの塔」 2 聖母教会のイコノスタシスがまばゆいばかりに輝いていた 3 塔の1階にある売店では、バラエティに富んだイコンが売られていた

Old Monastery Kitchen Museum
オールド・モネストリー・キッチンミュージアム

1 サモコフ門近くにある「オールド・モネストリー・キッチンミュージアム」 2 キッチンの天井を見上げると、こんな穴が開いていた。料理をするときに出る煙はここから出ていく 3 牛一頭分が調理できるという大釜。祭事などがあると、一千人分の食事をつくっていたそうだ 4 消火に使われたウォーター・ポンプ 5 1816年から使用されていたかまど。食事用はもちろん、儀式用のパンも焼いていた 6 かまどの中をのぞくとこんな感じに

19世紀のキッチンをミュージアムとして公開している。かつて数百人の修道士が暮らしていたほか、巡礼者なども滞在していたため、ここでつくる食事は大変な量だったとか。

1

4

2

5

3

6

大きなスプーンで調理していたよ

Mekitsa & Doughnut
メキツァ＆ドーナツ

ドーナツ

メキツァ

リラ修道院のサモコフ門を出て見つけたのが、メキツァ屋さんとドーナツ屋さん。ヨーグルトを練り込んだ生地を油で揚げたメキツァは、粉砂糖をふりかけていただく。ドーナツのトッピングは、ジャムやハチミツなどをお好みで。

1 サモコフ門を出て敷地の外へ出ると、土産物店やドーナツ屋があって賑わっていた 2 揚げパン「メキツァ」を販売している店。大量に買いこむ客もいた 3 ジャムやハチミツを売る店もあった 4 大繁盛のドーナツ屋 5 次から次へとオーダーが入るので、揚げるのに忙しい 6 気軽に撮影に応じてくれた修道士

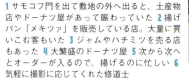

ソフィアからバスで2時間半、スレドナ・ゴラ山地にあるコプリフシティツァは、ブルガリアの原風景が残るのどかな村。濃い緑に彩られた山々を背景に古い瓦屋根の家屋が点在し、トポルニツァ川沿いの並木道には馬車が走る光景も。のんびり散策しながら、村の名所であるハウス・ミュージアムを訪ねた。

02 コプリフシティツァ

#日帰りトリップ

歴史あるハウス・ミュージアムを訪ねて

ソフィアを8時に出発しビルトップでバスを乗り換えて、10時半に村に到着。川沿いの道を歩き「4月20日広場」までやって来ると、赤、青、黄色のカラフルな家屋と四月蜂起の記念碑が目に入る。観光案内所は閉まっていたので、そのままハウス・ミュージアムに向かうことにした。石畳の道を通って、まずは詩人ディムチョ・デベリャノフの家へ。ここで共通券を購入するが、オスレコフの家だけは管理が別らしく、別にチケットを買わなくてはいけない。効率よく回れば、一日で7軒見学できる。この村は歴史建築保護区でもあり、文化、歴史、美術、民俗に関わる388の記念碑的建造物を有している。なかでもハウス・ミュージアムは、人気のスポット。それぞれ資料展示室を設けているので、村の人物や歴史を知ることもできる。特にブルガリアを独立へと導いた四月蜂起については、多くのことが学べるだろう。

トポルニツァ川が流れる穏やかな村。ブルガリアで初めて「美術館都市」に認定された

4月20日広場に立つ四月蜂起の記念碑

DATA

Koprivshtitsa Department of Museumsコプリフシティツァ・ミュージアム管理部 4 “20th April Sq.", Koprivshtitsa ☎(071)84-2180 9:30〜17:30(11〜3月〜17:00)/オスレコフの家9:30〜18:00 休月曜（デベリャノフの家、カブレシュコフの家、リュトフの家）、火曜（カラヴェロフの家、ベンコフスキの家、ドロシェフの家）/オスレコフの家は無休 ￥ハウス・ミュージアム共通券6Lv（オスレコフの家を除く6軒）、共通券なしの場合1軒4Lv アフトガーラ・セルディカ（バスターミナル）からAngkor Travelのコプリフシティツァ行きバスに乗車し、コプリフシティツァ村で下車 Map P6

1 土産物店やカフェ、レストランが、4月20日広場を囲むようにして立っている 2 1876年4月20日に、オスマン帝国からの独立を願い勃発した四月蜂起。その引き金となったのがこの村だった 3 カラチェフ橋で、四月蜂起の勃発を告げる最初の銃弾が放たれた。このときはオスマン帝国に鎮圧されるが、露土戦争の発端となり1978年にはロシアが勝利。500年続いたオスマン帝国の支配から解放された

1 Lyuben Karavelov House
カラヴェロフの家

ブルガリアの独立を目指した革命家リュベン・カラヴェロフと、総理大臣や財務大臣を務めた弟ペトコ・カラヴェロフの生家。作家であり、出版者でもあったリュベンは、新聞「スヴォボダ（自由）」を発行し独立を訴えた。ブルガリアの解放を見届けることはできたが、間もなく肺結核で亡くなってしまう。中庭には、1854年に彼が植えた梨の木が今も残る。

1 エントランスのあるこの棟には、弟ペトコの資料を展示。リビングルームや広いバルコニーも見学できる 2 莫大な借金をして購入した印刷機。これで新聞を印刷した 3 トポルニツァ川からほど近い場所に立つ。最初の家は1810年の建築。1820年、1835年と家を建て3棟となった。クリーム色の建物に兄リュベンの資料が展示されている 4 リュベン愛用のイスとデスク

2 Dimcho Debelyanov House
デベリャノフの家

詩人ディムチョ・デベリャノフが生まれた家。キッチンやリビングが見学できるほか、彼の本や直筆の詩などの展示物から、創作活動の一端を知ることができる。詩の才能にあふれていたが、第一次世界大戦に参戦し29歳の若さで命を落としてしまう。早すぎる死だった。よく手入れされた庭には、頬づえをつきながら息子の帰りを待つ母親の像が立つ。

1 1830年に建築された家。正面右手には、息子を待つ母親の像がある 2 展示コーナーには、彼の肖像画や写真、手紙なども並ぶ 3 キッチンには食器や調理道具も揃っていた

塀の外には、拳銃を手に持つトドールの像が立つ。彼は四月蜂起で捕えられ、25歳で自決した

3 Todor Kableshkov House
カブレシュコフの家

ブルガリア革命中央委員会のリーダーの一人、トドール・カブレシュコフの生家。当時、プロヴディフで流行していた様式を採り入れている。ホールを中心に部屋が配されており、1階には一家の暮らしがうかがえるリビングやキッチンなどを再現。2階は四月蜂起やトドールに関する資料を展示している。

1 1845年に建築され、1932年にはコプリフシティツァ初のハウス・ミュージアムとして公開される 2 彼が使っていたゆりかごだろうか。糸紡ぎの道具などが置かれた女性の仕事部屋も見ることができる 3 2階の展示室には、ライフル銃や剣などの武器ほか、彼が駅長をしていた頃の制帽や翻訳途中の『モンテ・クリスト伯』の原稿もあった

4 Petko Lyutov House
リュトフの家

税徴収に携わっていた村の有力者ステファン・トパロフが、1854年にプロヴディフの大工を呼び寄せ建てさせた家。1906年には豪商ペトコ・リュトフの手に渡る。1階は衣装やフェルトのカーペット、織機などが展示され、2階にはキッチンやリビング、ゲストルームがある。

1 リビングの壁には異国の絵が描かれ、小さな祭壇のようなものもある。当時は、ローズウォーターが噴き出る小さな噴水を置き、部屋をバラの香りで満たしていたそうだ 2 2階ホールの木製天井やトルコ風暖炉、調度品など見どころが満載の邸宅

5 Georgi Benkovski House
ベンコフスキの家

四月蜂起を企てたブルガリアの英雄ゲオルギ・ベンコフスキの生家。本名をガヴリル・フラテフと言い、元々、仕立屋だった。その後、ビジネスなどで10年間故郷を離れ、解放活動家として祖国に戻る。蜂起は失敗に終わるが、彼の功績は大きかった。家の中には、リビングやキッチンほか、解放戦士たちの資料展示室がある。

1 調理道具や食器が並ぶキッチン&ダイニング 2 1831年に建てられた生家。庭にはゲオルギ・ベンコフスキの胸像がある。近隣の小高い丘には、彼の騎馬姿の記念碑も 3 彼が使用したライフル銃や軍服、軍旗なども展示されている

1 当時の生徒は石盤を使って学習していた。砂に文字を書く台も置かれている 2 教室の前にあったのは、「賢い」「従順」「注意深い」「うそつき」「泥棒」などと書かれた札。どのように使っていたのかは不明 3 1840年に建てられた家。教師の住居と学校が一緒になっている

6 Todor Dorosiev House
ドロシェフの家

ベンコフスキの家の隣にあるのが、教師であり、聖職者でもあったトドール・ドロシェフの家。1階は当時の教室を再現しており、教師一家の部屋も見ることができる。2階には、学校教育に関する資料を展示。コプリフシティツァは、1846年にブルガリア初の近代教育が行われた地であり、学校を設立したナイデン・ゲロフの資料も見ることができる。

7 Nencho Oslekov House
オスレコフの家

1856年に建てられた豪商ネンチョ・オスレコフの家。正面入口の3本の支柱はレバノン杉を使用し、外壁には3つの都市「アレキサンドリア」「イスタンブール」「カイロ」が描かれている。リビングやキッチンほか、毛織物の作業場、倉庫などみどころが多い。独立運動に参加したオスレコフは、悲しいことに四月蜂起で逮捕され、プロヴディフの刑務所で亡くなってしまう。

1 正面外壁にうっすらと残るのは、オーナーがビジネスで訪れた3つの都市 2 当時の裕福な暮らしぶりを見ることができる

Uspenie Bogorodichno Church
聖母マリア教会

散策の途中で見つけたブルーの教会。入口はどこかと探していると、土産物を売る男性と遭遇する。観光客が通るルートなのだろうか、教会の脇で細々と商売をしていた。人の気配に気づいたのか、神父が顔を出し中に入れと手招きをする。緻密な彫りを施した木製のイコノスタシスと、イコンで装飾された立派なシャンデリア。古い造りだが、心安らぐ空間だ。

1 1817年に建築された聖母マリア教会 2 壺の中に入っているローズ水を手や頭に振りかけてくれた。バラの国ブルガリアらしい聖水 3 主教座や聖書を読む台、イコンなど当時のまま残されている

Market
マーケット

道端で売り物を並べている人たちがいたので、ちょっとのぞいてみた。Tシャツや下着、布団、トイレットペーパーまで、あらゆる生活雑貨が揃っている。赤いパラソルの下では、野菜やフルーツ、苗木なども販売していた。小さい村だから、デパートはおろかスーパーもない。マーケットが村人の生活を支えているのだろう。活気があるわけでもなく、のんびりとした空気が流れていた。

1 衣類や食料品、雑貨類と、生活に必要なものが揃っている 2 柄のない箒が売られていた 3 新鮮な野菜やフルーツが並ぶ

四月蜂起の記念碑が立つ4月20日広場

20th April Square
4月20日広場

ミュージアムを見学後、4月20日広場に戻ってきた。かつて武装蜂起が起こった村とは思えないほど平和な雰囲気。帰りのバスの時間まで少し時間があったので、広場に面したカフェでひと休み。先ほど、道をたずねた工事現場のおじさんも休憩していた。ケーキを食べた後は土産物店へ直行。日帰りでも十分だが、長期滞在もしてみたい。そんな魅力的な村だった。

1 2 広場と同名のカフェ「20 th April」で、ヴィレッジ・フレンチケーキとカプチーノをオーダー 3 4 土産物店では、民族衣装やバラ・グッズ、民族音楽のCDなどが売られている

マルテニッツァ

3月1日は、春を祝う「ババマルタ」の日。「ババ」が「おばあちゃん」、「マルタ」は「3月」を意味し、この時期の変わりやすい天候と、女性の移り気な心を例えているのだという。

この日は互いの健康と幸福を願って、家族や友人、同僚などの間で、赤と白の糸で編んだ飾り「マルテニッツァ」を交換する。2月くらいになると、街の露店では様々なタイプのマルテニッツァが売り出され、糸だけ購入して自分で手づくりする人もいれば、人形や丸いボンボンのマルテニッツァを買う人もいる。これを「ババマルタおめでとう！」と声を掛けながら互いの腕や上着に着け、春になってコウノトリやツバメを見かけたら木の枝に結ぶ。花や実のなる木であれば、よりよいとされる。市街地だとコウノトリを見つけるのは難しいので、新芽の出る3月下旬に結ぶことが多いとか。

街を散策していると、公園などで木の枝に下がる紅白の糸や人形を見かけることがある。長い冬が終わりを告げ、春を迎える人々の喜びが表れているように思えた。

人形のマルテニッツア
もある

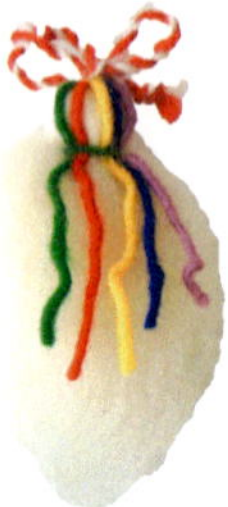

赤と白にプラスし
て別の色糸を使う
地域も

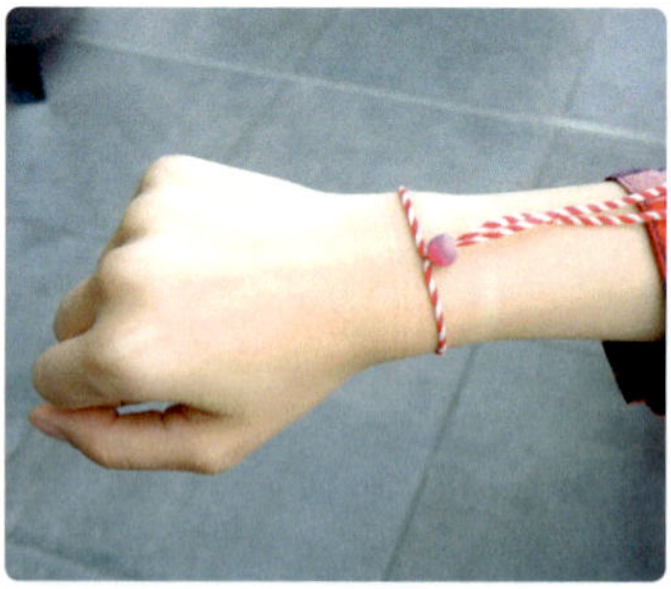

春になるまで、ずっと身に着ける

健康と幸福を願いながら木の枝に結ぶ。大きな石の下にマルテニッツァを置くこともある

古くからあるデザイン
のマルテニッツァ。赤
は魔除け、白は健康を
表わす

PLOVDIV

プロヴディフとその近郊

「地域民俗博物館」の前で、卒業記念写真を撮る女子高生

プロヴディフって こんなところ

ソフィアから南東へ約１２０キロ、トラキア平原に位置するプロヴディフは、人口約35万人のブルガリア第二の都市。その昔、トラキア人によって造られた要塞都市は、紀元前４世紀にマケドニアのフィリッポス王によって征服され、街は「フィリッポポリス」と名づけられたこともあった。その後、ローマ時代に入ると、「トリモンティウム（３つの丘）」と改名される。現在のプロヴディフは、旧市街のトリモンティウムを含む６つの丘をもつ街としても知られ、モダンな街並みのなかに古代劇場や競技場など、ローマの遺跡が違和感なく溶けこんでいる。古くから交通の要衝として栄え、民族復興期にはさらに重要な経済拠点となったプロヴディフ。裕福な商人たちは、ヨーロッパから流行のファッションを持ち込み、贅沢な豪邸を競って築いたという。建築保護区になっている旧市街には今も屋敷が残り、人気の観光スポットになっている。

サハト・テペの丘から見下ろす街の景色

石畳の道を歩きながら街を散策！

丘のてっぺんには、
16世紀建造の
クロック・タワーが立つ

ローマ時代のフォルム(広場)には、オデオン(音楽堂)
のほか、図書館、造幣局などもあったという

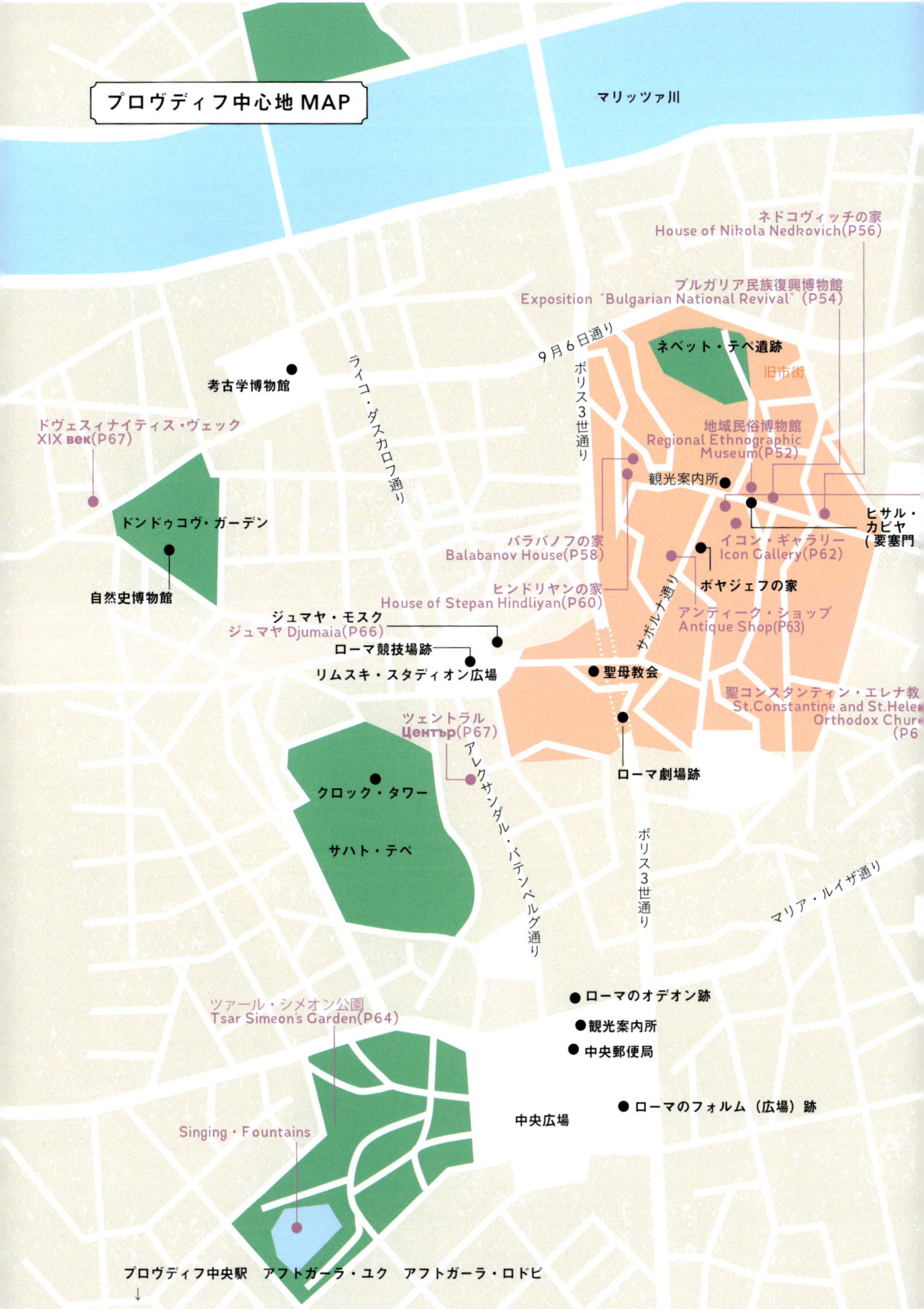
プロヴディフ中心地MAP
マリッツァ川
ネドコヴィッチの家
House of Nikola Nedkovich(P56)
ブルガリア民族復興博物館
Exposition "Bulgarian National Revival"(P54)
9月6日通り
ネベット・テペ遺跡
旧市街
考古学博物館
ライコ・ダスカロフ通り
ボリス3世通り
ドヴェスィナイティス・ヴェック
XIX век(P67)
地域民俗博物館
Regional Ethnographic
Museum(P52)
観光案内所
ドンドゥコヴ・ガーデン
ヒサル・
カピヤ
(要塞門
自然史博物館
バラバノフの家
Balabanov House(P58)
イコン・ギャラリー
Icon Gallery(P62)
ヒンドリヤンの家
House of Stepan Hindliyan(P60)
ボヤジェフの家
サボルナ通り
アンティーク・ショップ
Antique Shop(P63)
ジュマヤ・モスク
ジュマヤ Djumaia(P66)
ローマ競技場跡
リムスキ・スタディオン広場
聖母教会
聖コンスタンティン・エレナ教
St.Constantine and St.Hele
Orthodox Chur
(P6
ツェントラル
Център(P67)
アレクサンダル・バテンベルグ通り
ローマ劇場跡
クロック・タワー
サハト・テペ
ボリス3世通り
マリア・ルイザ通り
ローマのオデオン跡
観光案内所
中央郵便局
ツァール・シメオン公園
Tsar Simeon's Garden(P64)
ローマのフォルム（広場）跡
中央広場
Singing・Fountains
プロヴディフ中央駅 アフトガーラ・ユク アフトガーラ・ロドピ
↓

昔日に思いを馳せながら歩く

ローマ遺跡が点在するプロヴディフの街。まずは、新市街の中央広場からメイン通りのアレクサンダル・バテンベルグ通りを北に進む。リムスキ・スタディオン広場まで来ると、ジュマヤ・モスクの傍らにぽっかり穴の開いた場所を発見。2世紀に造られた「ローマ競技場跡」だ。トラックの長さは240m、幅50m、3万人を収容できたという。現在は観客席の石段が一部残るだけで、ほとんどが街の下に隠れている。当時の競技場の様子は、地下にある3Dシネマで見ることができた。

メイン通り散策のあとは旧市街へ。サボルナ通りに入り、クリーム色の鐘楼をもつ聖母教会まで歩く。脇の坂道を上り「ローマ劇場跡」へたどり着くと、ロドピ山脈とプロヴディフの街を一望する断崖に、半円形の劇場が広がっていた。観客席の石段はかつて28段あり、5000人を収容できたそうだ。舞台にはイオニア式の

人々で賑う、アレクサンダル・バテンベルグ通り

列柱が残り、背後に見える道路には車が絶え間なく走っている。現在は民族舞踊、オペラなど、様々なイベントやコンサートを開催しているそうだが、建設された当初は、どんな劇を上演していたのだろう。観客席にはどんな格好をした人たちが座っていたのだろうか。遥か遠い昔を思い、しばらく眺めていた。

再びサボルナ通りに戻り、「ハウス・ミュージアム」が集中している地区に行ってみる。石畳の道を歩きながら、民族復興期に建てられた家々を見学。裕福な商人たちが建てた屋敷は、当時の贅沢な暮らしぶりを私たちに伝えてくれる。旧市街は、過去へと簡単にタイムスリップできる歴史情緒あふれるところだった。

リムスキ・スタディオン広場には、ローマ競技場の遺跡が残る

ハウス・ミュージアムでは、家具や調度品を見るのも楽しみの一つ

プロヴディフの街並みと調和するローマ劇場跡

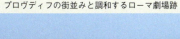

HOUSE MUSEUM

旧市街のハウス・ミュージアムへ

建築保護区になっている旧市街では、19世紀の民族復興期に建てられた豪商の屋敷を見学。アートな建築に触れながら、街散策も楽しんだ。

Regional Ethnographic Museum
地域民俗博物館

手工芸品や生活道具も展示

1847年にトルコ商人の屋敷として建てられ、現在は民俗博物館として公開されている。民族復興期のロドピ、スレドナ・ゴラ山脈地方などで使われていた生活道具や民族衣装が展示されているほか、金細工や銅製品、陶器、羊毛製品といった当時の職人が製作した手工芸品も並ぶ。バグパイプ、笛、太鼓、弦楽器など、ブルガリアの祭りに欠かせない楽器や、めずらしい手回しオルガン、人形付きのオルゴールもある。ドレスなども展示され、裕福な女性はパリやウィーンの流行ファッションに敏感だったようだ。

DATA

2 Dr.Stoyan Chomakov Str.,Plovdiv ☎(032)625-654 9:00〜18:00(冬期〜17:00) 休月曜 ¥6Lv
※COMBINED TICKET（15Lv）購入の場合、5つの建物まで見学できる
www.ethnograph.info
Map P49

プロヴディフ様式の伝統家屋は左右対称、2階中央部分が張り出しており、屋根は波のようなカーブを描いている

8

6

7

1 羊飼いと村娘 2 家畜につけていたベル。ヒツジやヤギ、ウシなどを放牧し、生活の糧にしていた 3 裕福な人々は流行のファッションに身をつつみ、高価な家具や調度品に囲まれながら暮らしていた 4 19世紀末プロヴディフのリッチなファミリーの客間 5 手の込んだ刺繍が美しい壁装飾 6 デザインがかわいい女性用手袋 7 シルク地に花の刺繍が施されているのは小物入れか 8 20世紀の手回しオルガン。どんな音色だったのだろう?

ヒサル・カピヤ（要塞門）を通り抜けると左側に見えてくる

Exposition"Bulgarian National Revival"
ブルガリア民族復興博物館

赤壁の屋敷で民族の歴史を知る

1848年建築の豪商の家を博物館として公開。建築を手がけた大工ゲオルギの名にちなんで「ゲオルギアディ・ハウス」と呼ばれている。民族復興期の独立運動に関する資料や武器などのほか、経済的に潤っていた職人や商人たちの道具なども展示。18〜19世紀のプロヴディフは、ブルガリア人ほかトルコ人、ギリシャ人、アルメニア人、ユダヤ人など多くの民族が共存する経済・行政の中心地だった。1階には当時の書斎やカフェを再現した部屋がある。

カフェはゴシップや政治などを語る社交場だった。カードゲームやバックギャモンで遊ぶ人もいたそうだ

DATA

1 Tsanko Lavrenov Str.,Plovdiv
(032)623-378
9:30〜18:00
(冬期9:00〜17:30)
休 日曜 ¥ 4Lv
Map P49

当時の女性が履いていた
下駄のような履物

1 蜂起の勃発を知らせた大きなベルと、桜の木でつくられた大砲 2 商人の書斎には、商売道具や護身用のピストルなども展示されている 3 資料展示室ほか、キッチン&ダイニングも見学できる 4 アルメニア人が使用していた礼拝用の本などが並ぶコーナー 5 空気を送り出す「ふいご」 6 反乱軍はこのような軍服を着て戦った

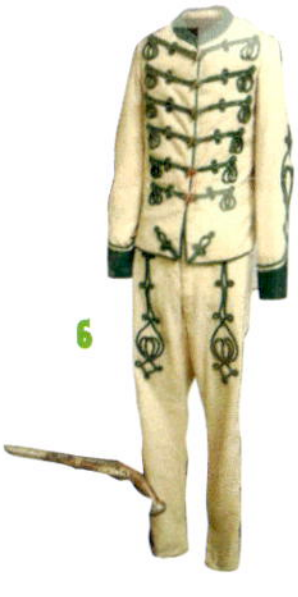

玄関を入ると、落ち着いた雰囲気のホールが目の前に広がる

House of Nikola Nedkovich
ネドコヴィッチの家

華麗なる豪商一家の暮らし

織物商人だったニコラ・ネドコヴィッチが1863年に建てた家。1階ホール中央にはネドコヴィッチ夫妻の写真が飾られている。玄関扉の近くにはグランドピアノ、天井には手の込んだ装飾が施されていた。ホールを中心に配されているのは、居心地のよさそうな客室や、家族が食事を楽しんだダイニング。2階に上がると、広いスペースにイスが何脚も置かれており、まるで社交界のサロンのよう。書斎や夫婦の寝室、娘の部屋も贅沢な造りだ。家具や調度品の一つひとつが優雅でセンスにあふれている。

クリーム色の瀟洒な邸宅

DATA

3 Tsanko Lavrenov Str.,Plovdiv
☎(032)626-216
9:00～18:00(冬期～17:30)
休 土・日曜
¥ 5Lv
Map P49

花柄やレース使いのアイテムがかわいらしい娘の部屋

1 夫婦の寝室は高級感のある家具で統一。ホテルの客室のよう 2 家族で食事をする様子が目に浮かぶ 3 2階のホールは明るく広々としたスペース 4 玄関ホールの片隅に置かれていたグランドピアノ

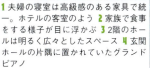

Balabanov House
バラバノフの家

贅沢な居室がいくつも並ぶ

19世紀に、金融業も営んでいた豪商ハジ・パナヨットが建てた家。20世紀初頭には貿易商のルカ・バラバノフの手に渡る。1階の石床のホールは倉庫として使われ、商談ができるスペースも備えている。2階にはダンスパーティーができるくらい広いホールと、その周りを囲むように書斎や客室、ダイニングなどが並んでいる。金で縁取られたゴージャスな家具や木彫りの装飾天井は、思わず見入ってしまうほど。当時の裕福な暮らしぶりがうかがえる。

1階ホールには現代アート作品が飾られ、ギャラリーとしても利用されている

DATA

57 Konstantin Stoilov Str.,Plovdiv
(032)627-082
9:00～18:00(冬期～17:30)
休 なし ¥5Lv
Map P49

1970年代に修復し、ハウス・ミュージアムとして公開。文化的なイベントも行っている

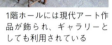

1 壁の窪みに絵を描いて、部屋を華やかに演出 2 ダイニングにも絨毯が敷きつめられ優雅な雰囲気 3 2階ホールでは、室内楽のコンサートなどが行われることもある 4 宮殿の中の一室かと思うほど煌びやか 5 静かで落ち着きのある書斎 6 天井装飾にも見とれてしまう

House of Stepan Hindliyan
ヒンドリヤンの家

壁に描かれた風景画が印象的

アルメニア人の裕福な貿易商ステファン・ヒンドリヤンの家は、1835〜1840年にかけて建築された。屋内外の壁に風景画や花のモチーフなどが描かれており、壁絵の完成に半年を要したという。1階には、母親と新生児のための部屋や書斎、主寝室にダイニングルーム、さらに奥に進むとバスルームも完備されていた。天井から明かりが取れるよう工夫されていて、バスタイムが楽しくなるような空間。2階はゲスト用の部屋がいくつかあり、壁にはコンスタンティノープルやヴェニス、アレクサンドリアなどの風景が描かれていた。家主が仕事で訪れた異国の地への想いが感じられる。

1階ホールには、ヒンドリヤンの肖像画が飾られている

DATA

4 Artin Gidikov Str.,Plovdiv
☎(032)628-998
9:00〜18:00(冬期〜17:30)
休 なし ¥5Lv
Map P49

バラバノフの家の中を通り抜けると、ヒンドリヤンの家にたどり着く

1 トルコ風のバスルームには、床下暖房のシステムが整っていた 2 天井の花模様が見事。芸術的センスにあふれている 3 ブルーで統一された寝室 4 部屋の壁には家主が仕事で訪れた外国の風景が描かれている 5 大きな鏡を備えた2階大ホール 6 グリーンの内装にワインレッドの家具を配した品格のある客間

St.Constantine and St.Helena Orthodox Church
聖コンスタンティン・エレナ教会

巨匠によるイコンや壁画も必見

ハウス・ミュージアムを巡っている途中、白い鐘楼に導かれ、訪れた教会。337年にキリスト教会が建てられたが、当時は異教であったため何度も破壊され、コンスタンティヌス帝の時代になってようやくキリスト教が認められたという。1832年に建てられた現在の教会には、皇帝とその母親の名がつけられている。

DATA

24 Saborna Str.,Plovdiv
8:00～18:00
休 なし ¥ 無料
Map P49

1 巨匠ザハリー・ゾグラフらによる、イコンの傑作を見ることができる 2 白い鐘楼の脇に立つブルーの教会

Icon Gallery
イコン・ギャラリー

聖なるイコンが集結

聖コンスタンティン・エレナ教会の敷地内にあるイコン・ギャラリー。15～19世紀にプロヴディフ地方とブルガリア南部で製作されたイコンが展示されている。教会の名前にもなっているコンスタンティヌス帝と母親エレナのイコンは、16世紀初頭に製作されたものだ。

コンスタンティヌス帝と母親エレナ

DATA

22 Saborna Str.,Plovdiv
☎(032)626-086
9:30～18:00(冬期9:00～17:30)
休 なし ¥ 4Lv
Map P49

1 教会から歩いてすぐ。こぢんまりとした白い建物がイコン・ギャラリー 2 キリストや聖母マリア、聖人などの古いイコンが展示されている

1 キリル文字なので、何が書いてあるのかさっぱりわからない 2 教会やイコン・ギャラリーと同じ通りにある 3 レトロな食器がたくさん! 4 中庭のスペースを利用して古道具をディスプレイ 5 空き瓶を買いに来る人もいるようだ

Antique Shop
アンティーク・ショップ

DATA
Map P49

懐かしい時代が蘇る

イコン・ギャラリーを訪ねたあと、近所のアンティーク・ショップに行ってみた。オーナーらしき男性に店名をたずねると、「名前はない」という。気が向いたときに営業しているようだ。見ているだけでも、結構楽しめる。

ピンバッジのコレクターにはたまらない

PARK

癒しのツァール・シメオン公園

1892年にスイス人造園家によって造られたツァール・シメオン公園。美しい噴水に癒されたあとは、人形遣いのおじいさんとの出会いが待っていた。

Tsar Simeon's Garden
ツァール・シメオン公園
人形遣いが創りだすメルヘンの世界

アレクサンダル・バテンベルグ通りを歩いて中央広場まで来ると、右手にツァール・シメオン公園が見えてくる。緑深い園内を通って、人気のスポット「Singing・Fountains」へ。湖を思わせる大きな池で、ダンスをするように水が噴き上がる光景は圧巻。さらに散策を続け、遭遇したのが屋外人形劇。人形遣いのおじいさんはヤンコさんといって、パペット・シアターで30年活躍した大ベテラン。引退してからは、時々、こうして公園でパフォーマンスをしているそうだ。人形を見つめる子どもたちから、ワクワク感が伝わってくる。

DATA
Avksentiy Veleshki Str., Plovdiv
Map P49

5〜10月の毎週木・金・土曜日、21時から噴水「Singing・Fountains」のショーがある

ヤンコさんの人形劇

小さなイスを並べれば、立派な子ども人形劇場。ヤンコさんの愛情あふれるパフォーマンスのはじまり、はじまり！

ダンスがうまいって評判なの

これから開演というときに、人形に抱きつく女の子

「私にも抱かせて！」と、別の子も駆け寄って来た

子どもたち一人ひとりにまずはご挨拶

ヤンコさんの巧みな手の動きで、華麗に宙を舞う

お辞儀をして終了！

個性的な人形たちとヤンコさんが創りだす世界に、引き込まれていった

時々、公園に来ているよ

1 トルコ風の装飾が施された店内 2 モスクの1階にあるカフェ。右手にはローマ競技場跡が見える 3 店内のガラスケースには、バラエティに富んだスイーツが並ぶ

RESTAURANT&CAFE

レストラン & カフェでくつろぎタイム

プロヴディフで宿泊した宿のオーナーが推薦するレストラン、散策中に見つけたカフェもご紹介。地元の人に混じって、ブルガリアの食を楽しんだ。

ナッツがぎっしり詰まった甘いお菓子

Djumaia ジュマヤ

モスク併設のトルコ風カフェ

1364年に創建されたジュマヤ・モスクの1階にあるトルコ風カフェ。オリエンタルな雰囲気の店内と屋外にも席を設けている。スイーツの種類が多く、どれにしようか迷ってしまうほど。メニューはブルガリア語だが、写真付きなので安心。

メニューの表紙がかわいい！

DATA

2 Zhelezarska Str., Plovdiv
(087)777-3848
8：00〜23：00
(火曜9：00〜22：00)
休 なし **Map** P49

XIX век
ドゥヴェスィナイティス・ヴェック

幌馬車のある古民家レストラン

ブルガリア人の郷愁を誘う「19世紀」という名の古民家レストラン。古い道具が並ぶ店内やテラス席ほか、幌馬車の中でも食事が楽しめる。郷土料理や臓物料理など、メニューが豊富。ラキヤやワインといったお酒も揃っている。団体客も多く、パーティー会場として利用されることも。

1 敷地内に幌馬車が一台用意されている 2 壺焼き料理「ギュヴェチェ」5.1Lv(右)と豚のひき肉を炭火で焼いた「ケバプチェ」1.8Lv 3 地元の人オススメのレストラン

DATA
1 Tsar Kaloyan Str., Plovdiv
☎(032)653-882
10：00～24：00
休 なし
Map P49

Център
ツェントラル

惣菜が充実の食料品店で軽食を

精肉やサラミ、チーズ、ワインほか、惣菜も販売している食料品店。オリーブの酢漬け、サラダ、ハンバーグ、ソーセージなど、好みの惣菜を買って、店のイートインスペースで手軽に食べられる。夕食時はやや混雑するが、持ち帰りの客が多くテーブル席は比較的、空いている。

1 店内には惣菜がズラリと並ぶ 2 アレクサンダル・バテンベルグ通り沿いにある 3 イートインスペースで軽く食事を済ませる人も

ぐるぐる巻きのソーセージと豚のアバラ肉

DATA
22 Knyaz Aleksandar I Str., Plovdiv
☎(088)681-7136
8：00～21：00（土曜～20：00 日曜8：30～19：00)
休 なし Map P49

03
バチコヴォ修道院
#日帰りトリップ

プロヴディフから南へ約30km、ロドピ山地に立つバチコヴォ修道院は、リラ修道院に次ぐブルガリア第二の僧院。1083年に軍の司令官だったグルジア出身のバクリアニ兄弟が、ビザンチン皇帝から賜った封土に創設したもので、敷地内には学校や病院もあったという。当時暮らしていた修道士たちに思いを馳せながら、見学することにしよう。

緑深きのどかな山間に立つ修道院

プロヴディフを9時に出発しバスに揺られて40分、参道の入口付近の停留所で降車した。土産物店が並ぶ道を10分ほど歩くと、バチコヴォ修道院が見えてくる。敷地内は、南ウイングへの通路がある建物を境に北側と南側に分けられ、北に聖母教会と聖大天使教会、南に聖ニコライ教会が立つ。

メイン・チャーチの聖母教会に入ると、イコノスタシスの王門の奥で神父が祈祷を行っているところだった。天井のドーム部分にはキリストの肖像が描かれ、傍らに視線を移すと奇跡を起こすと信じられている聖母マリアのイコンも。入口付近にはキリル総主教とステファン1世総主教代理の棺が置かれている。神聖な空間に修道士たちの歌声が響き渡り、心が洗われるようだった。聖ニコライ教会では洗礼式が執り行われていたが、少しだけ中を見学。ミュージアムや古い食堂、聖人たちの遺骨が納められている納骨堂も必見だ。

聖母マリアのイコンは奇跡を起こすと信じられ、拝観する者が絶えない

バチコヴォ修道院見取り図

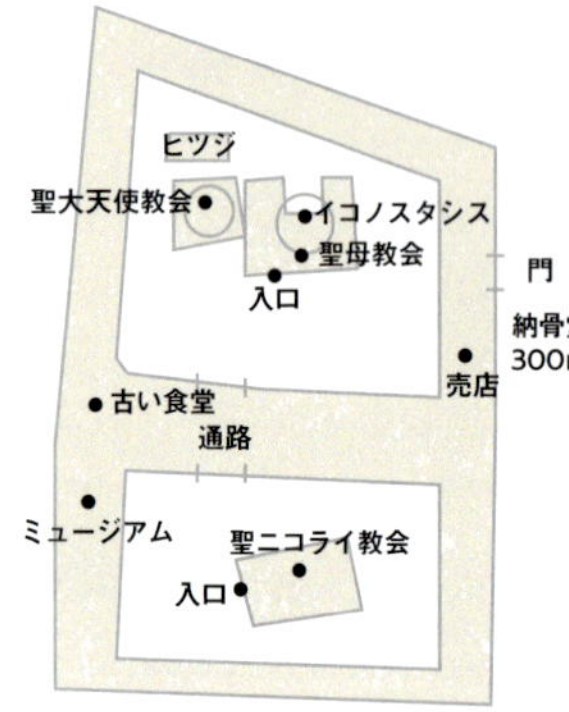

DATA

Bachkovski Monasteryバチコヴォ修道院 Bachkovo, Plovdiv (033)272-277 7：00〜19：00 休なし 無料 ※古い食堂、納骨堂、ミュージアムは有料 アフトガーラ・ロドピ（バスターミナル）から、スモーリャン行きのバスに乗って40分、バチコヴォ修道院参道前下車、徒歩10分 www.bachkovskimanastir.com Map P6

1 1604年創建の聖母教会とその奥にあるのが聖大天使教会 2 澄んだ空気につつまれた山間に立つバチコヴォ修道院 3 聖母教会のある北側の中庭 4 美しい壁画のエントランスをくぐり抜け敷地内へ

Church of the Virgin Mary
聖母教会

1604年に建てられた、バチコヴォ修道院のメインチャーチ。エントランスの門を入った中庭に立つ。イコノスタシスや壁画が美しい。聖母マリアのイコンもある。

1 聖母教会のイコノスタシス。壁画は17～19世紀に描かれたもの 2 星が散りばめられた幻想的な壁画

St. Nicolas Church
聖ニコライ教会

通路を通り抜けた南側にある教会。１８３６年の建造で、内部には壁画がびっしりと描かれている。中に入ってみると、洗礼式の真っ最中。じゃまにならないよう、見学させてもらった。

1 木々が茂る南側にひっそりと立つ 2 ドアの周りにも壁画が描かれている 3 玄関広間の天井で見守るキリストや聖人たち 4 竜のような生き物が火を吹いている。よく見ると火が人を飲み込んでいるのがわかる 5 教会内部の壁画も見事。リラ修道院の壁画も手がけた、ザハリー・ゾグラフによるもの 6 洗礼式が厳かに行われていた

Museum
ミュージアム

聖ニコライ教会の向かい側は、
貴重な宝物が保存されているミュージアム。
宗教道具や祭服など、美術的価値のある展示品が並ぶ。

1 ミュージアムの入口に鍵がかかっていたので、通りすがりの修道士に開けてもらった 2 修道院の歴史を物語る貴重な品が展示されている 3 金の刺繍が施された祭服 4 奉神礼で用いられる扇状の祭具 5 祈りの時間を告げる木製のベルは、1931年につくられたもの 6 18世紀に制作された祭壇の十字架 7 宗教儀式に使われる香炉

7

6

5

1 ここで修道士たちの食事がつくられていた 2 通路の右側1階が古い食堂 3 半円筒形の天井に描かれているキリストや聖人、哲学者は木の蔓でつながっている 4 教会に 献金をした貴族夫婦 5 「最後の審判」の壁画 6 1623年改装の食堂は1965〜71年にかけて全面修復。大理石のテーブルは1601年のもの

Old Refectory
古い食堂

1601年建造の古い食堂。階段脇の小さなドアを開けると、長いテーブルが置かれたスペースに観光客があふれていた。

Ossuary Church
納骨堂

修道院創建の1083年からある納骨堂。1階では修道士の遺骨を納めた14の墓を見ることができる。修道士が亡くなると、隣接の墓地に葬り、8年後に墓から遺骨を取り出して納骨堂に移す。2階は葬儀用の教会。

1 納骨堂の2階部分 2 神殿奉納の場面や聖人らの絵が描かれている2階の祭壇周辺 3 2階には等身大で描かれた皇帝イヴァン・アレクサンダルの壁画がある。14世紀に入ると彼の庇護の下、修道院が発展していく 4 バチコヴォ修道院の創設者であるバクリアニ兄弟 5 1階には14の墓があり、木蓋の下には何体もの遺骨が積み重ねられている

モモやウォールナッツなどの木々を眺めながら納骨堂へ。修道院から歩いて5分ほど

1

4

3

2

5

幸せの白いハト

6

1 北側には売店がある 2 店にはイコンや十字架のペンダント・ヘッド、ガイドブックなどが並ぶ 3 敷地内では、ヒツジの親子が飼われていた 4 修道士たちが暮らす西側の建物。洗濯物が干され、生活感がある。5 帰る途中、参道のレストラン「ルメン」で少し遅めのランチ 6 炭火でじっくり焼いたブルガリアのハンバーグ「キュフテ」と「ケバプチェ」これで5Lv！

聖キリルと聖メトディの日

9世紀にローマ帝国支配下のテッサロニキで生まれた聖キリルと聖メトディの兄弟は、文字をもたないスラヴ人にキリスト教を伝道するため、グラゴール文字を考案した。その後、やや複雑だったグラゴール文字をブルガリア人の弟子、聖クリメントが改良し、キリル文字が誕生する。キリスト教の布教とともにキリル文字は広まり、現在ではブルガリアのほかにも、ロシアやセルビア、ボスニアなど、東方正教会を信仰するスラヴ語派の国で主に使用されている。

ブルガリアでは、5月24日は「聖キリルと聖メトディ(教育と文化)の日」で祝日。文字が存在することで人々は知識を得て国が発展していくことから、彼らは大変尊敬されている。この日は各地で様々なイベントが開催され、2人の聖人の絵を掲げて大通りを行進したり、広場では民族舞踊のパフォーマンスがあったりと、街はお祭りムード。ソフィアのアレクサンダル・ネフスキー寺院では、聖職者たちが集まり祈りを捧げていた。国立図書館の前で行われていたのは、大統領のスピーチ。多くの人でごった返し、背伸びをしても大統領の姿が見えなかったのは残念。子どもたちも旗を持ちながら、この日を祝福した。

キリル文字というとロシアのイメージがあるが、ブルガリアが発祥の地だということを、この日初めて知った。

ソフィアの国立図書館前に立つ聖キリルと聖メトディのブロンズ像

旗を持ってこの日を祝う親子

プロヴディフでは、聖人の絵を掲げながら行進していた

子どもたちが描いた聖キリルと聖メトディ

VELIKO TARNOVO

ヴェリコ・タルノヴォとその近郊

第二次ブルガリア帝国時代の面影が残るツァレヴェツの丘

ヴェリコ・タルノヴォってこんなところ

ソフィアとヴァルナの中間にあるヴェリコ・タルノヴォは、人口約7万人の地方都市。ツァレヴェツ、トラペジツァ、スヴェタ・ゴラという3つの丘を有し、ヤントラ川沿いの切り立つ崖の上には、赤い屋根の家々が連なりを見せている。第二次ブルガリア帝国時代（1187〜1396年）に首都として栄え、皇帝イヴァン・アセン2世の時代にブルガリアは最大版図を実現。旧市街では、今でも中世の面影を見ることができる。ツァレヴェツの丘に築かれた要塞やアセノフ地区の教会を訪ねれば、時代を遡ることができるだろう。当時はバルカン半島の文化の中心地でもあり、壁画やイコン、陶磁器の製作なども盛んだった。現在は、「サモヴォドスカ・チャルシャ」と呼ばれる職人街に、中世からの技術を受け継ぐ職人たちが工房をオープンしている。石畳の通りを歩きながら、お気に入りの工芸品を探すのも楽しい。

「サモヴォドスカ・チャルシャ」のイコン職人

ツァレヴェツの丘を散策してみよう！

「ブルガリアの母広場」に立つ戦争記念碑

旧市街を歩いていると、そこかしこでアートに出合う

崖の上の斜面に民家が連なる

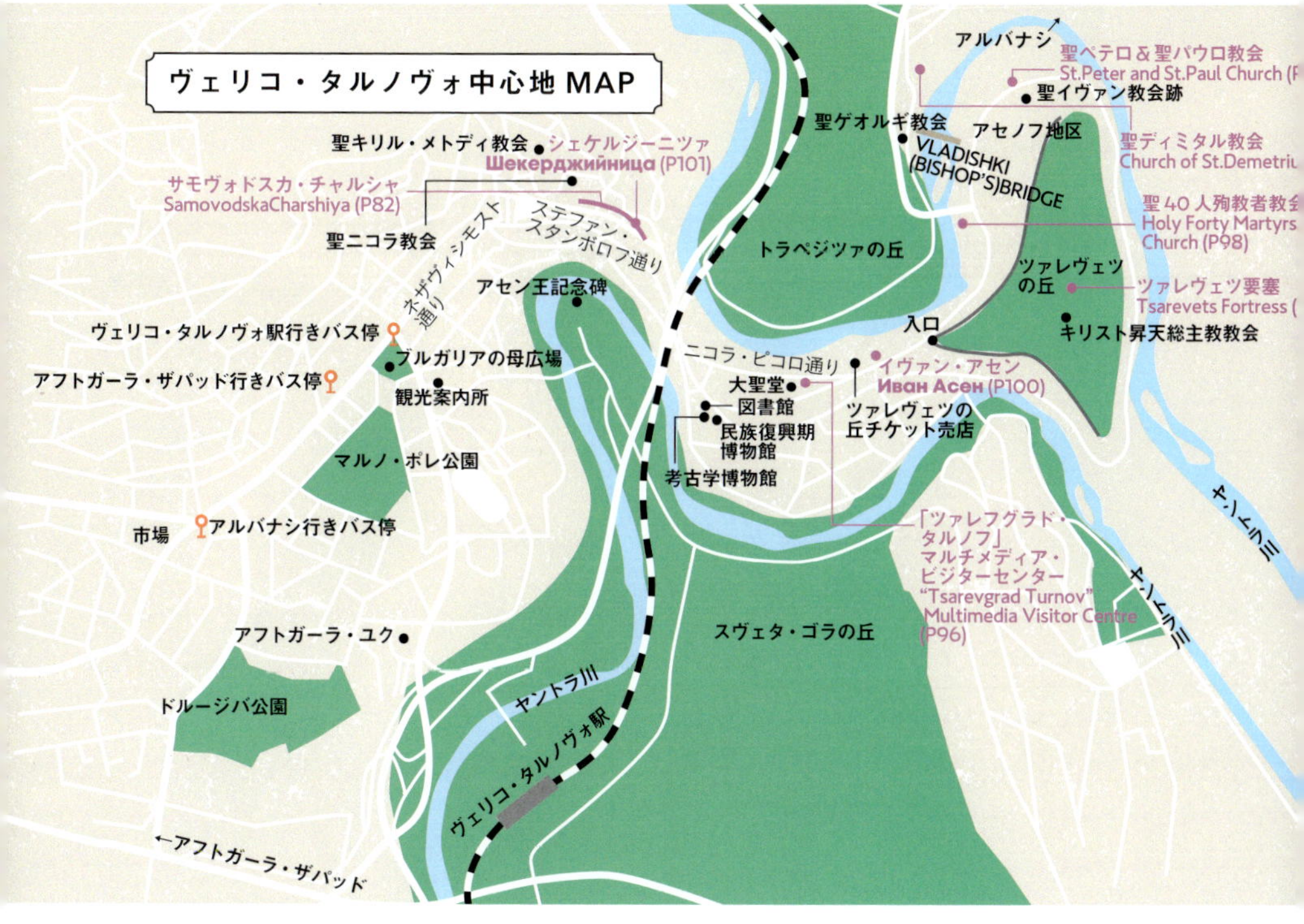

中世の名残をとどめる要塞都市

「ブルガリアの母広場」からネザヴィシモスト通りを歩き旧市街へ。途中、道が2つに分かれ、上り坂の左の道を進むと、そこは「サモヴォドスカ・チャルシャ」と呼ばれる職人街だった。石畳の通り沿いには、イコンや陶磁器などの工房兼ショップが並び、モダンなアクセサリーを売る店や土産物店もある。親切そうな店主がいるショップにはノラネコが自由に出入りし、ひと眠りしてはまた通りへと戻っていく。のんびりとした街だ。

カフェで休憩したあとは、ニコラ・ピコロ通りの「ツァレフグラド・タルノフ」マルチメディア・ビジターセンターに行ってみる。第二次ブルガリア帝国時代の歴史的場面や職人の働く様子などが、人形で再現されていてリアル。街の歴史を知る上でも、立ち寄りたい場所だ。

再びニコラ・ピコロ通りを歩くと、ツァレヴェツの丘が見えてくる。丘の上には、第二次ブ

職人街「サモヴォドスカ・チャルシャ」で、工房をのぞきながら歩く

ルガリア帝国時代の要塞が威厳をもって構えている。てっぺんに立つのはキリスト昇天総主教教会。上ってみると、眼下にはヤントラ川が流れ、赤い屋根の家々が遠く丘の上まで連なっているのが見える。遥か中世の時代には、また違った景色が見渡せたであろう。

要塞の麓にあるアセノフ地区にも足を延ばす。皇帝が眠る教会などを見て回り、ヤントラ川に架かる橋を渡ろうとすると、ウエディング・カップルが記念撮影をしていた。よく見ると木造の橋には、南京錠が所々に掛けられている。愛のパワースポットなのか？対岸の教会を訪れたあとは、また同じ橋を渡り、霧で霞む丘を見上げながら、要塞都市を後にした。

丘の麓に立つ聖40人殉教者教会

中世のアーティストが壁画を描く様子。本物の人間のよう

ヤントラ川沿いにあるツァレヴェツの丘の要塞

CRAFTSMEN STREET

職人街「サモヴォドスカ・チャルシャ」

古くから手工芸が盛んなこの地には、「サモヴォドスカ・チャルシャ」と呼ばれる職人街がある。工房併設の店をのぞきながら、通りを歩いてみた。

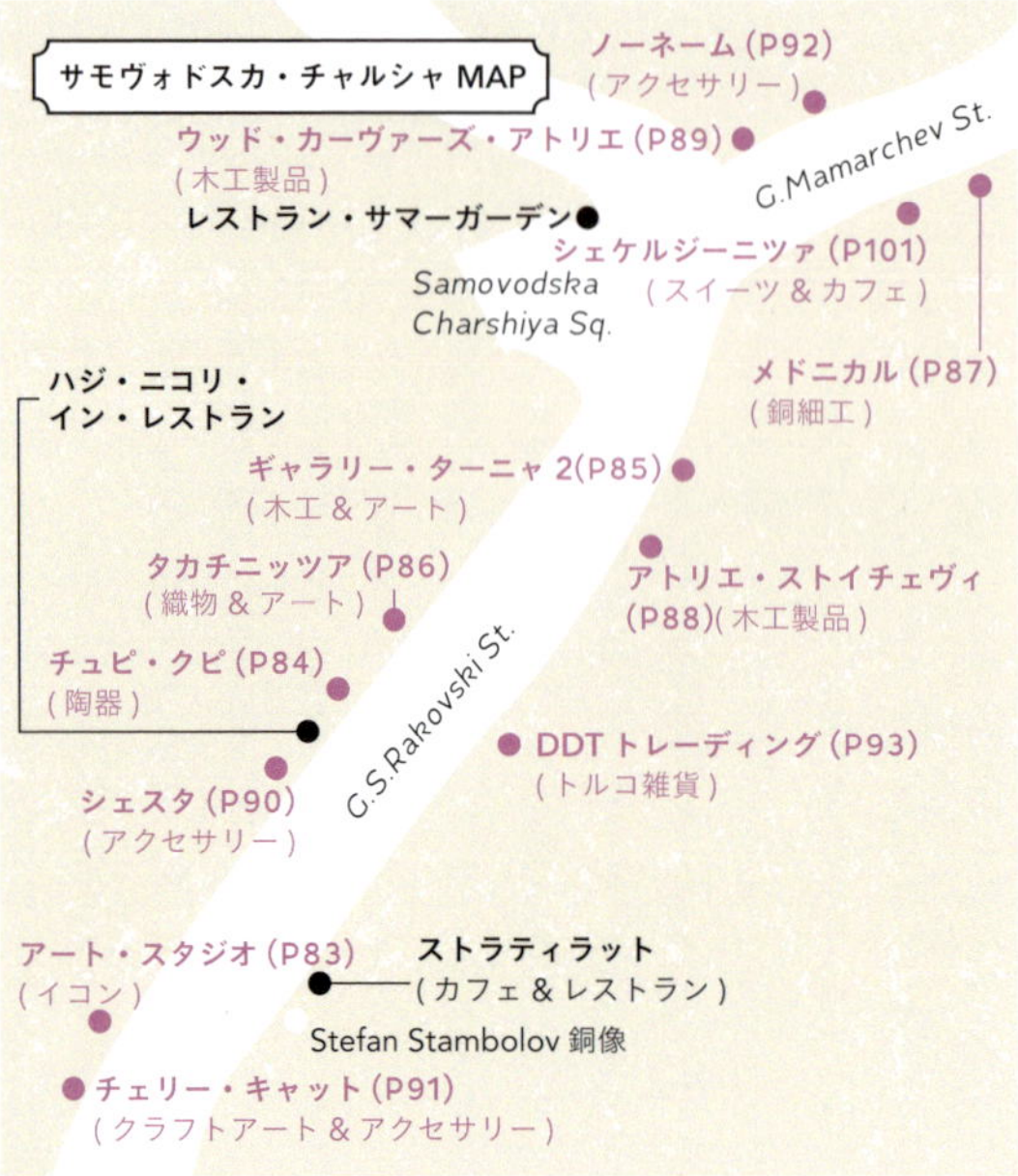

職人街「サモヴォドスカ・チャルシャ」

1 明るい窓辺で手本を見ながら黙々と描く 2 色を塗るだけでなく、金箔を貼る作業もある 3 自宅に飾って祈るためのイコン 4 熟練職人のクラシミールさん 5 キリストのイコンは300Lv 6 これを手本に描いたという

ART STUDIO
アート・スタジオ

聖なるイコンを描く

店先にヴェリコ・タルノヴォの風景画が並んでいるのを見つけ中に入ってみると、そこにはイコンがずらり。窓辺のデスクで、職人が宗教美術の書物を手本にイコン画を描いてるところで、その仕事ぶりを見せてもらった。

DATA

10:00～19:30
(昼休憩12:00～13:30)
休 なし
Map P82

多彩な絵柄が揃うスグラッフィート陶器

Чупи Купи
チュピ・クピ

伝統陶器の技を今に伝える

第二次ブルガリア帝国時代から伝わるスグラッフィート陶器の店。職人のニーナさんがミュージアムから譲り受けたという13～14世紀頃の陶片を取り出し、「なるべく、オリジナルに近いものをつくりたいの」と語ってくれた。

DATA

☎(089)912-0636
🕘9:00～20:00
休 なし
Map P82

1 ニーナさんの息子も同じ道を歩んでいるそう 2 ロクロで成形し模様を彫ってから素焼きをする。絵付け、本焼きと、完成までに1カ月かかる 3 お椀の裏には、ニーナさんの名前が入っている。完成したお椀を木のスプーンで叩くと、教会の鐘のような音色が響く

木製スプーンの柄の部分を彫っているマリアさん

Галерия Таня 2
ギャラリー・ターニャ2

魔除けのクケリが迎える

オグニャン&マリア夫妻の店には、木工製品や絵画などが並び、店先には、「クケリ」というブルガリアの祭りに登場する妖怪のような人形が立っている。店名の「ターニャ」は娘の名前で、他にもう1店舗あるそうだ。

DATA

☎(088)643-2861
10:00〜18:00
休 なし
Map P82

1

1 完成品と未完成品を並べて見せてくれた 2 サラダサーバーとして使えば、食卓が華やかになりそう 3 クケリのマスクが家を守ってくれるのだとか 4 旅の思い出になる壁飾り

4

3

2

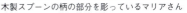

機織りを始めて25年のミグレーナさん

Тъкачница
タカチニッツア

織機でつくる美しい布

窓辺に並ぶカラフルなボトルに惹かれ店の中をのぞくと、機織り職人のミグレーナさんが迎え入れてくれた。織機が2台、周辺にはカーペットやスカーフほか、かわいい絵柄のTシャツやコーヒーカップなどがディスプレイされている。

DATA

10:00～19:00
(冬期11:00～18:00)
休 なし
Map P82

1

2

3

1 ミュージアムから提供してもらった130年前の織機 2 ボトルやグラス、カップなどのペインティングも 3 人形も手づくり

フセインさんが銅板を打ちつけているところ

Медникар
メドニカル

銅細工の技術を父から息子へ

フセインさんの銅細工の店。鍋やプレート、トルココーヒーのセットほか、アクセサリーなども販売している。ちょうどピアスをつくっていたところで、傍らでは引退した父親のハサンさんがテレビを見て寛いでいた。

DATA
10:00〜18:00
休 なし
Map P82

1 様々な道具が揃っている 2 話しかけると、チェリーを勧めてくれたハサンさん 3 ピカピカの銅製品が並ぶ 4 トルココーヒーのポット

料理をしながら笛が吹けるという画期的なアイテム

Atelie Stoychev
アトリエ・ストイチェヴィ

木の温かみが感じられる

木工職人のピーターさんと息子フリストさんの店には、木製の置物や壁飾り、ペンダントヘッドまでディスプレイされている。商品をじっくり眺めていると、ピーターさんが自慢の笛付きスプーンを吹いて見せてくれた。

DATA

☎(062)638-955
8:00〜19:00
(冬期〜18:00)
休 なし
Map P82

1 スプーンの柄に焼き文字を入れているところ 2 かわいい動物シリーズ！ 3 ツァレヴェツの丘の建物を木彫りにしたオーナメント 4 ロバと笛吹きの人形は80Lv

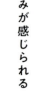

自慢の娘の写真を見せてくれた

Woodcarver's atelier
ウッド・カーヴァーズ・アトリエ

お土産に買いたい木工製品

木工職人のルミアナさんの店では、彼女の母親が店番をしていた。娘の写真を見せながら、「こんな作品もつくっているのよ」と誇らしげだ。本人には会えなかったが、ルミアナさん作のスプーンを購入した。

DATA

☎(089)834-4441 🕘8:00～21:00 休なし Map P82

1 柄の部分に細かな模様が入ったスプーンを購入 2 シックな小物入れも 3 かわいい塩・胡椒入れ

彫刻や絵画も得意というマリアナさん

SIESTA
シェスタ

ネコも通うアクセサリー店

ノラネコが我が物顔で入って行く店について行くと、そこはアクセサリー店だった。店主のマリアナさんは、アクリルレジンやセラミックを使ってアクセサリーを製作、販売している。ネコを愛おしそうに見つめながら、「毎日、昼寝をしに来るのよ」とうれしそう。

DATA
☎(087)871-3910
10:00～19:00
休 不定休
Map P82

1

2

3

4

1 全部欲しくなる！ 2 ポストカードの絵は、フィンランド人の夫が担当 3 怒ってる？ 4 バラの花びらでつくったピアスは38Lv

毎日ココに
通っているの

どれもかわいくて迷ってしまう

Cherry Cat
チェリー・キャット

ユニークなアクセサリーが揃う

画家のペチャさんをはじめ、数人で営むクラフトアート&アクセサリー店。マイクロチップやスプーン、フォークを利用してつくったピアスやネックレスなど、めずらしいアイテムも。ここにしかない1点ものに出合える。

DATA
10:00〜19:00
休 月曜
Map P82

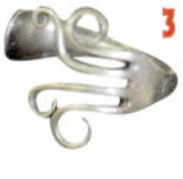

1 絵を描きながら店番をするペチャさん 2 ユニークなピアスがたくさん！ 3 フォークがブレスレットに！ 4 個性的なレザーのブレスレット 5 フック付きで重宝しそう

作業の手を休めて、撮影に応じてくれたマリエラさん

NO NAME
ノーネーム
陶器のビーズでハンドメイド

店番をしていたマリエラさんを含め3人で共同経営をしている。1人は陶器職人で、出来上がったセラミックにカラーリングをして、ビーズやオーナメントを作製。ビーズを使ってアクセサリーを手づくりしている。

DATA

☎(088)930-5287
🕘10:00～19:00
(ランチタイム1H休憩)
㊡なし
Map P82

1

2

3

4

1 店先にディスプレイされていたピアスは3Lv～ 2 アクセサリーがセンスよく並べられている 3 この電気窯で焼く 4 カラフルなビーズも販売している

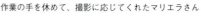

多彩な手描きの絵皿に魅了される

DDT Trading
DDTトレーディング

トルコ雑貨満載の土産物店

色彩豊かなランプ、プレート、ポットなど、トルコ雑貨が多く揃う土産物店。ブルガリア製のレザー小物やアクセサリー、ローズ・コスメなども販売している。店の奥には、キリムと呼ばれる敷き物も。

1 店員のテオドーラさん 2 ローズ・コスメなど、ブルガリアの製品もある 3 エキゾチックなムードが漂うランプ 4 飾っておきたくなる水差し 5 緻密な柄と色合いが美しい

DATA

☎(088)448-8633
9:30〜19:30
(日曜〜17:00)
休 なし
Map P82

FORTRESS

ツァレヴェッツの丘の要塞

第二次ブルガリア帝国時代、堅固な要塞都市だったヴェリコ・タルノヴォ。ヤントラ川に囲まれたツァレヴェッツの丘には、昔の面影が残る。

DATA

☎(062)638-841
8:00～19:00※18:00まで入場
(冬期9:00～17:00※16:00まで入場)
休なし ¥6Lv
「音と光のショー」開催日時
www.soundandlight.bg
Map P79

Tsarevets Fortress
ツァレヴェッツ要塞

かつて繁栄した夢の跡地

ニコラ・ピコロ通りを東に向かって歩いて行くと、ツァレヴェッツの丘が見えてくる。ライオン像に迎えられ城壁の中へ。第二次ブルガリア帝国の首都だったヴェリコ・タルノヴォは、12～14世紀に全盛期を迎えた。ツァレヴェッツの丘に要塞を構え、城壁内には王宮や教会、総主教の住居ほか、貴族、軍人、職人などの住まいもあったという。14世紀のオスマン軍の侵攻で破壊されてしまうが、20世紀に入って復旧工事が始まり、城壁や防衛塔、キリスト昇天総主教教会が見事に蘇った。

城壁の長さは約1km、丘のてっぺんに立つのがキリスト昇天総主教教会

©Tsarevgrad Turnov - Sound and Light

6

1 丘の南東、ヤントラ川沿いに立つ防衛塔「Baldwin's Battle Tower」 2 モダンな壁画が斬新な教会内部 3 1981年に復旧したキリスト昇天総主教教会 4 エレベーターで教会の展望台へ。緑豊かな景色が広がる 5 「音と光のショー」でライトアップされた丘をぜひ見てみたい。開催日はウェブサイトで事前に確認しよう 6 500軒近い民家や貯水タンクもあったという

MUSEUM

「ツァレフグラド・タルノフ」マルチメディア・ビジターセンター

第二次ブルガリア帝国時代をテーマにした歴史展示施設で、当時の暮らしや歴史を学ぶ。

DATA

6 Nikola Pikolo Str.,Veliko Tarnovo
☎(062)682-525 9:30〜18:30(月曜12:30〜、冬期〜17:00) 休なし ¥10Lv ※COMBINED TICKET(12Lv)購入の場合、聖ペテロ&聖パウロ教会も見学できる

Map P79

"Tsarevgrad Turnov" Multimedia Visitor Centre
「ツァレフグラド・タルノフ」マルチメディア・ビジターセンター

第二次ブルガリア帝国時代の記録

ヴェリコ・タルノヴォに首都が置かれていた12〜14世紀の第二次ブルガリア帝国時代、人々はどんな暮らしをしていたのだろう。館内では、庶民と貴族の家の中の様子や、職人の工房ほか、歴史的場面も再現されていた。1205年にアドリアノープル近郊で、ラテン帝国軍と戦い勝利したブルガリア軍が、ラテン皇帝ボードゥアンを捕えたシーンは鬼気迫るものがある。人形とわかっていても、ちょっと怖い。壁画アーティストや筆耕者、建築作業員の仕事ぶりも必見だ。

1204年、枢機卿レオから皇帝カロヤン・アセンに王冠と王笏が授与された

7

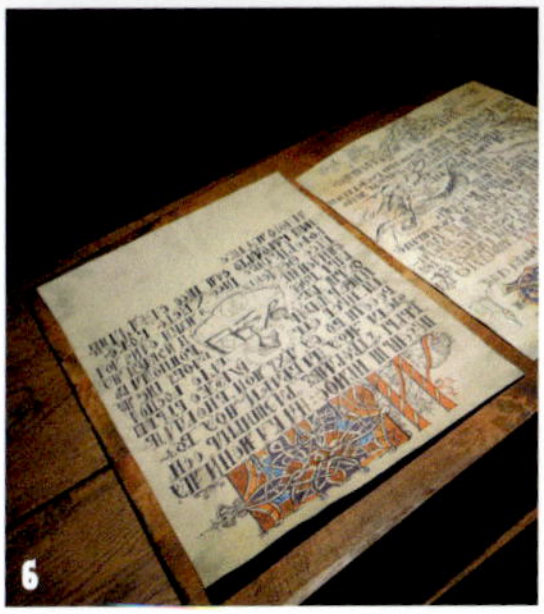

1 大聖堂の下の通り沿いにある 2 謁見の間の王座に座るのは、皇帝のイヴァン・アセン2世。隣はハンガリー王女だった妻のアンナ・マリア 3 アドリアノープル近郊で捕えられたラテン皇帝ボードゥアンと、馬に乗ったブルガリア皇帝カロヤン 4 当時の陶器工房。棚にはスグラッフィート陶器の器が並んでいる 5 貴族の家では家具や食器など、質のよいものが使われていた 6 キリル文字はブルガリアが発祥とされる 7 筆耕者や製本工は、王宮や修道院でも働いていた

CHURCH

祈りの教会

ツァレヴェツ要塞の麓にあるアセノフ地区には、中世を代表する教会が点在している。ヤントラ川沿いを歩きながら3つの教会を訪ねた。

Holy Forty Martyrs Church
聖40人殉教者教会

皇帝が眠る教会で中世を想う

1230年に皇帝イヴァン・アセン2世が、戦に勝利したことを記念し建てた教会。敵国の皇帝を捕虜にした日が、聖40人殉教者の受難日だったことからこの名が付く。壁画や戦勝記念の碑文が刻まれた列柱、皇帝や聖人の墓などが今も残る。

DATA
Mitropolska Str.,Veliko Tarnovo
☎(088)5105-282
9:00〜18:00
(月曜12:00〜、冬期〜17:00)
休なし ¥6Lv
Map P79

1 教会は近年、修復されたが、列柱は当時のもの 2 豪華な衣装に身をつつんだ皇帝カロヤンの遺骨が、教会の柱の中から発見され墓に納められた

ツァレヴェツ要塞の麓、ヤントラ川沿いに立つ

St.Peter and St.Paul Church 聖ペテロ＆聖パウロ教会

古くから守られてきた宗教壁画

皇帝カロヤンの命により13世紀に建立され、1913年の大地震まで維持されていた。現在は修復され、13～17世紀の壁画を見ることができる。オスマン帝国時代には、タルノヴォの主教座だった。

1 祭壇の周りや柱など、断片的に貴重な壁画が残る 2 隣にある聖イヴァン・リルスキ教会の遺跡も見学できる

DATA

Mitropolska Str., Veliko Tarnovo ☎(088)5144-622 ※要予約
9:00～18:00(水曜12:00～) 休11～3月 ¥6Lv ※COMBINED TICKET(12Lv)購入の場合、「ツァレフグラド・タルノフ」マルチメディア・ビジターセンターも見学できる Map P79

Church of St.Demetrius 聖ディミタル教会

第二次ブルガリア帝国誕生を宣言

1185年にペタル＆アセン兄弟が、長らく支配されていたビザンチン帝国への戦いを宣誓するとともに、ブルガリアの独立を宣言したのがこの教会。ここで、兄のペタルがブルガリア皇帝として戴冠されたという。

DATA

Patriarh Evtimiy Str., Veliko Tarnovo
☎(088)5105-282
9:00～18:00
(水曜12:00～)
休11～3月 ¥6Lv
Map P79

ヤントラ川の対岸に立つ聖ディミタル教会。1985年に修復された

川の橋を渡って来てね

1 ツァレヴェッツの丘が目の前という好立地 **2** 「音と光のショー」を観賞しながら、食事をすることもできる **3** キュウリやディルが入ったヨーグルトの冷製スープ「タラトール」 **4** 野菜の鉄板焼き「サチ」

RESTAURANT&CAFE

レストラン & カフェでくつろぎタイム

中世の趣きが残る古都ヴェリコ・タルノヴォで、ブルガリア料理を堪能した。職人街のカフェでは、濃厚なトルコ・コーヒーと甘いお菓子で憩いのひととき。

やさしい笑顔のスタッフが迎えてくれる

Иван Асен
イヴァン・アセン

ツァレヴェッツの丘を眺めながら郷土料理を味わう

ツァレヴェッツの丘を一望するレストラン。ブルガリア料理を中心に、パスタやリゾットも出す。ヨーグルトが爽やかな冷たいスープ「タラトール」と、野菜の旨味がたっぷりの鉄板焼き「サチ」をオーダーし、窓辺の席でゆっくりランチ。洗練された郷土料理が味わえる。

DATA

2 Tsar Ivan Asen Sq., Veliko Tarnovo
(088)2650-065
10:00～23:00 (日曜～17:00)
休 なし Map P79

Шекерджийница
シェケルジーニツァ

職人街のカフェでお気に入りの砂糖菓子を満喫

職人街「サモヴォドスカ・チャルシャ」の通り沿いにあるカフェ。カウンターには、動物や花を模った砂糖菓子「ブリザルカ」がずらり。「セルヴカ」という白いメレンゲ菓子もある。トルコ・コーヒーと一緒に甘いお菓子をいただいた。

DATA

13 Georgi Mamarchev, Veliko Tarnovo
☎(089)8563-490
9:30～18:00
休 なし
Map P79、P82

1 カウンターには、お菓子がたくさん！ 2 赤いニワトリの看板が目印 3 ネリさんがおいしいコーヒーを淹れてくれる 4 熱した砂でコーヒーを温める 5 バニラ、オレンジ、レモン、ラズベリー味が揃った「ブリザルカ」 6 こぢんまりとした、かわいいカフェ

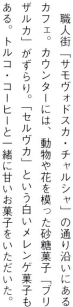

04
アルバナシ
#日帰りトリップ

ヴェリコ・タルノヴォから北へ約4km、高台にあるアルバナシ村は、かつて交易や商業で栄えていたが、現在は静かで落ち着いた雰囲気。伝統家屋が80軒ほど残るが、そのうち36軒は国の文化財に指定されている。古い教会も見どころだ。石垣塀が続く道を歩きながら、村の魅力を探索した。

街を一望する高台の小さな村

ヴェリコ・タルノヴォからタクシーに乗り、15分でアルバナシ村に到着。車を降りた広場周辺には、土産物店やレストランはあるものの、ひっそりとしている。村は第二次ブルガリア帝国時代、貴族の夏の別荘地だったという。その後、戦で勝ったブルガリアは、現在のアルバニア共和国にあるアルバナシという地域を新領地とし、多くの人々が移住してきた。村名の由来はここからきている。

オスマン帝国時代には、スルタン・スレイマン一世が義理の息子に村を贈り、村人には税制上の特権が与えられた。おかげで、商人や職人は潤い立派な家を建てるようになる。そのうちの一軒を見学し、壁画が美しい教会にも立ち寄った。

村のはずれまで行くと、ヴェリコ・タルノヴォの街が見渡せる場所にたどり着く。青く澄み渡った空に浮かぶ雲の下には、赤い屋根の家々がひしめき合っていた。

中央広場の周りには、ホテルやレストラン、土産物店もある

ヴェリコ・タルノヴォの街を望む

DATA

アルバナシ村への行き方 🚗ヴェリコ・タルノヴォ中心地の市場付近にあるバス停からミニバスに乗るか、タクシーで行く。

Map P6

Konstantsalieva House
コンスタンツァリエフの家

オスマン帝国時代の総督の親戚が暮らした邸宅。18世紀末の建築で、1階には使用人の部屋や貯蔵室、家畜小屋などがあったという。

　見学ができる2階に上ると、広々としたトルコ風ソファを備えたゲストルームや、暖炉の火が心地よいダイニングルーム、調理道具が豊富に揃ったキッチンなどが並ぶ。アイロンやミシン、糸巻き機が置かれた部屋や、母親と新生児のための部屋もあって見どころが多い。

1 母親と新生児の部屋には、赤ちゃん専用のスペースが設けられていた 2 家族が集ったダイニングルーム 3 トルコ風のソファが置かれたゲストルーム 4 石塀に囲まれた邸宅には中庭があり井戸も完備。1階には土産物店も

DATA

Kapitan Pavel Gramadov Str., Arbanasi
☎(062)638-841
9:00～18:00
(土・日・祝日10：00～16：00、月曜12:00～/11～3月※要予約)
休 なし ¥6Lv Map P102

St.Archangel Gabriel and Michael's Church
大天使ミカエル&ガブリエル教会

1760年に創建された教会は、男性礼拝所と女性礼拝所、聖パラスケヴァ礼拝堂、そして側廊から成る。礼拝所は壁画に覆われ、梁にも模様が描かれている。壁側には木製の祈りのイスが並ぶ。

1 緑あふれる庭園内に立つ 2 女性の礼拝所の天井画 3 ドームをもつ本堂は男性礼拝所

DATA

Spiro Konstantinov Str., Arbanasi
☎(062)638-841 9:00〜18:00
(土・日・祝日10：00〜16：00、月曜〜12:00/11〜3月※要予約)
休 なし ¥ 6Lv
Map P102

The Nativity Church
キリスト生誕教会

村で最も古いとされる教会には、17世紀に描かれた「人生の車輪」という壁画が残る。人の誕生から死までを人生の四季になぞらえ、極彩色豊かに表現。ギリシャの哲学者を描いた、めずらしい壁画もある。

1 16〜17世紀の貴重な壁画を見ることができる 2 敷地内には墓地もある 3 一見、教会とは思えない外観

DATA

Rozhdestvo Hristovo Str., Arbanasi
☎(088)510-5282 9:00〜18:00
(土・日・祝日10：00〜16：00、火曜〜12:00/11〜3月※要予約)
休 なし ¥ 6Lv
Map P102

1 ブルガリア料理を出す大衆レストランを「メハナ」と呼ぶ 2 中央広場のバス停の斜め向かいにある 3 煮込み料理のチキン・カヴァルマは9.9 Lv

Cheshmata
チェシュマタ

村の中心地に立つホテル併設の「メハナ」。カヴァルマやケバプチェなど郷土料理をメインに、パスタやピザも出す。アルコール類も充実の品揃え。工芸品が並ぶ民族色あふれる店内で、ブルガリア料理を思う存分堪能しよう。2階には、屋外で食事ができるサマーガーデンもある。バス停から近くて便利。

DATA

3 Kapitan Pavel Gramadov Str., Arbanasi
☎(089)686-8493
8:30〜24:00
休 なし www.cheshmata.com
Map P102

1 石垣塀が続く道を散策 2 穏やかな空気が漂うこの村で、のんびり過ごしたい 3 一針一針刺しながら、刺繍製品を売る女性

05 エタル野外博物館

#日帰りトリップ

ガブロヴォまでバスで移動し、さらに南へ約8km。1964年にオープンしたエタル野外博物館では、民族復興期における地域の建築や工芸品、ライフスタイルを見ることができる。園内には川が流れ、水車小屋や古い家屋が立ち並ぶ。職人街の工房を訪ねると、黙々と作業をこなす名工たちの姿があった。

伝統家屋と水車のある風景

シベク川が流れるエタル野外博物館の敷地では、子どもたちが手づくりした案山子《かかし》や、昔懐かしい水車などがあちらこちらに見られる。粉挽きや木材のカット、洗濯など、様々な用途の水力設備があるのは、水が豊富な地域ならではだろう。

18世紀後半から19世紀前半の伝統家屋が並んでいたのは職人街。陶磁器や銀細工、木工製品、毛織物など、伝統工芸の工房で、職人がモノづくりに励み、直接販売も行っていた。この日、遠足で訪れていた小学生を多く見かけたが、小遣いをやりくりしながら工芸品やキャンディを買っている姿が微笑ましかった。散策に疲れたら、カフェやレストランで一息入れたい。郷土料理を出す店もあるので、ゆっくりとランチをするのもいい。

日によっては、ワークショップや祭りの再現があるほか、毎年9月初めには国際民芸祭を開催し、職人たちが自慢の腕を披露する。

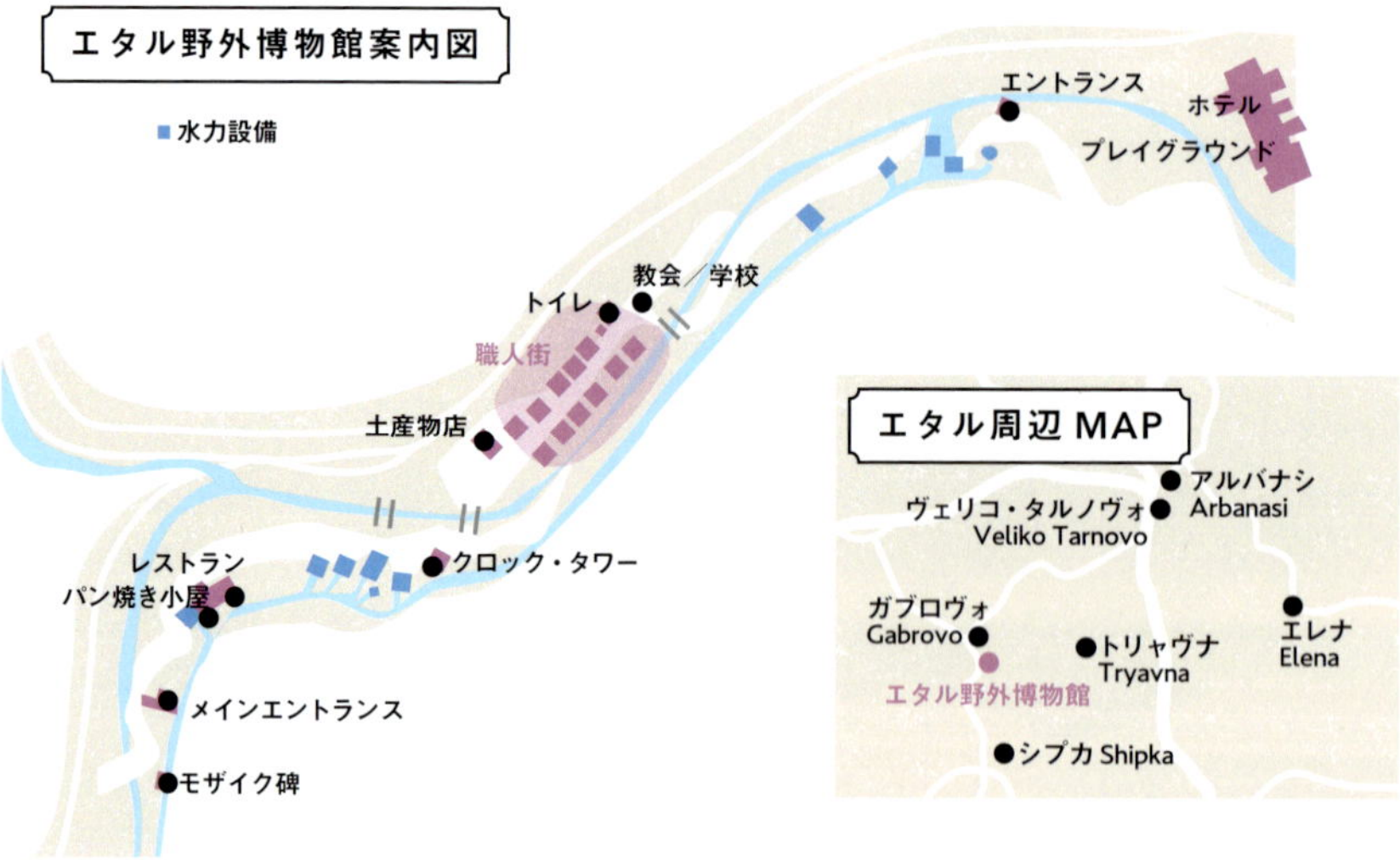

DATA

Ethnographic Open Air Museum ETAR エタル野外博物館 ◎Ethnographic Open Air Museum ETAR, Gabrovo ☎(066)810-580 ◎9:00〜19:00(冬期〜17:00)㊡なし ◎5Lv ◎ヴェリコ・タルノヴォのアフトガーラ・ザパッドからガブロヴォまでバスで約1時間。7、10、14番などのバスに乗り換えて約20分で到着。 ◎www.etar.org Map P6

1 職人街には民族復興期の伝統家屋が軒を連ねる。2階が少し張り出しているのが特徴 2 7haの敷地にはシベク川が流れ、緑豊かな景色が広がる 3 遠足で訪れていた小学生たち。大人びている 4 当時は街ごとにクロック・タワーが建てられ、人々に時を知らせていたという

4

Cart-smithery
カート＆鍛冶工芸

鍛冶、旋盤、大工の技術を総合させてつくる荷馬車（カート）は、人や荷物を運ぶ大事な移動手段だった。当時は牛や馬、ロバなどに引かせていた。マイスターのヌイェデャーゴさんは、馬蹄や木製のおもちゃ、キッチン道具なども製作する。

1 学校を兼ねた教会の近くにある 2 幸運を呼ぶ馬蹄ほか、おもちゃの荷馬車やコマも並ぶ 3 馬蹄をつくって見せてくれたヌイェデャーゴさん 4 鍛冶屋に欠かせない金床

製作途中の荷馬車には、かわいい花模様が描かれていた

Musical instruments
民族楽器

マイスターのツバトゥコさんがつくるのは、木や動物の革を利用したバグパイプや笛などの民族楽器。小さな太鼓やホイッスルなども製作・販売し、子どもたちからも人気だ。途中、手を止め、笛とバグパイプを吹いてくれた。

1 工房内では母親が販売の手伝いをしている 2「カバオ」と呼ばれる笛の穴を調整 3 バグパイプの「ガイダ」は、ヤギの革でつくられている。ミニチュア版は豚革 4 木製のホイッスル

「ガイダ」と呼ばれるバグパイプの演奏も、なかなかの腕前

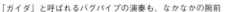

Pottery
陶磁器

陶磁器をつくり続けて35年のターニャさん。ロクロを回していると、小学生たちが工房にやって来た。一人がミニポットを指差すと、それに水を注ぐ彼女。なるほど、これは水笛だったのだ。美しい音色が工房中に響き渡った。

1 イエローの建物が目印 2 ミニポットに適量の水を注ぐ 3 伝統の手法を受け継ぎ、後世に伝えるターニャさん 4 子どもたちも大喜び

4

皿や水差しなど、多彩な作品が並ぶ

Sweets
菓子

動物の形をした砂糖菓子「ブリザルカ」や、白いメレンゲ菓子「セルヴカ」、プルーンを練った「ピスチオ」など、伝統スイーツが勢揃い。マイスターのパブリンさんが、お菓子づくりの工房を見せてくれた。

1 店の奥には菓子工房がある。2階はカフェ 2 窓のショーケースには、おいしそうな伝統菓子が並ぶ 3 父親から受け継いだ店を切り盛りするパブリンさん 4 工房にあったキャンディの型抜き

4

ステフカさんが手に持つのは、子どもに人気のニワトリのキャンディ

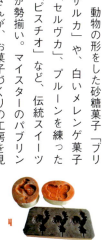

Bread
パン

ベーカリーに入ると、ちょうどパンが焼き上がったところで、次々とおいしそうな商品が店先に並べられた。リング型の「ケブレック」や「パルレンカ」「バニッツァ」など、古くから人々に愛されてきたパンだ。

1 店の前のベンチで食べることもできる 2 ツヤツヤに輝く「ケブレック」は1Lv。ゴマがふりかけてある 3 焼き上がったパンを手際よく店頭へ 4 外はパリッと中はモチッと。麦の発酵飲料ボザと一緒に！

オーナーのターニャさん(右)とマリーヤンさん(左)

Bulgarian Revival Tavern
ブルガリア民族復興レストラン

お腹が空いたら、園内のレストランへ。開放的な空間で郷土料理を楽しもう！

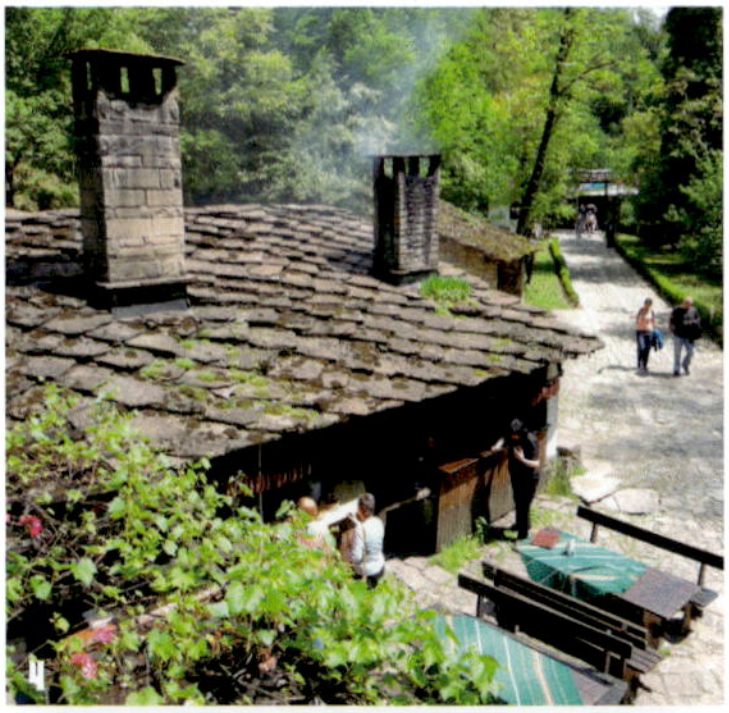

4

5

6

1 水が豊富なこの地域では、水車などの水力設備を利用していた。木材を切ったり、ナイフを研いだりと用途は様々 2 勢いよく流れる水を利用して紡績も行っていた 3 毛布やカーペットなどを丸い木枠の中に入れると、洗濯機のように渦を巻いて汚れを落とす 4 メインエントランスの近くには、パンやピザを焼く小屋があり、郷土料理が食べられるレストランも併設 5 広々とした屋外で食事ができる 6 「ヤイツァ・ポ・パナギュルスキー」は、ボイルした卵の上に白チーズの細切りとヨーグルトをかけた料理

Water-powered equipment
水力設備

敷地内には約10カ所の水力設備がある。勢いよく流れる川の水が人々の生活を支えていた。

1

2

3

ヨーグルト

ブルガリアの人々は日本人と比べ物にならないほど、ヨーグルトをよく食べている。冷製スープ「タラトール」や「パナギュリシテ風エッグ」、伝統的なサラダ「スネジャンカ」など、多くの料理にヨーグルトが使われていることも一因だろう。ヨーグルトに水と塩をひとつまみ加えたドリンク「アイリャン」もよく飲まれている。現地では、「夏、熱中症になったとき、これを飲むと元気になる」という人もいた。

スーパーに行くとバラエティに富んだヨーグルトを目にするが、自宅でつくっている家庭もまだある。搾りたての牛乳とタネ菌を市場で買ってきて手づくりする自然派志向の人も増えているようだ。知人の家でもつくっていた。牛乳を沸騰させ、冷ましてからタネ菌を入れ、容器に流し込んだら布で何重にも巻いて一晩置く。自家製ヨーグルトは少し酸味があるが、これが本物の味。ヨーグルトは牛のほか、ヤギや水牛の乳でつくるものもある。ヤギの乳は、クセがあるが脂肪分が少なくてヘルシー。母乳に近い成分だという。水牛は脂肪分が多い。

牛を飼う家では、5月6日の「聖ゲオルギの日」に、その年、初めてのヨーグルトをつくる。この日は夏の始まりとされ、牛の放牧を開始。朝早く牛を放し、朝露のついた草を食べさせ乳搾りをする。フレッシュな牛乳を使ってヨーグルトをつくり、豊穣を願いながら祝いの食卓に並べる。

自家製ヨーグルトは
やや酸味があるが
フレッシュで美味

「パナギュリシテ風エッグ」には、たっぷりのヨーグルトが！

スーパーにはたくさんの種類のヨーグルトが並ぶ

ビンの蓋には、「キーセロ・ムリャーコ(＝ヨーグルト)」と書いてある

KAZANLAK

カザンラクとその近郊

カザンラクのバラの女王は、その年卒業する女子高生の中から選ばれる

カザンラクって こんなところ

バルカン山脈とスレドナ・ゴラ山脈にはさまれた「バラの谷」一帯は、ローズオイルやローズウォーターの素材となる「ダマスクローズ」の産地として知られる。その中心となるのがカザンラクだ。人口は約4万5千人、地名はオイルを抽出する蒸留釜「カザン」に由来する。6月の第一週末にはバラ祭りのメインイベントが開催され、国内外の観光客で賑わう。街には、バラ博物館やクラタ民俗博物館、イスクラ歴史博物館など、カザンラクの歴史やローズオイルについて学べる博物館があり、祭りの期間中に立ち寄る人も多い。スタラタ川を越えたテュルベト公園には、トラキア人の墳墓が立ち、レプリカの見学ができる。バラの谷では、ほかにもトラキア人の墓が多く発掘されていることから、「トラキア王家の谷」とも呼ばれている。紀元前5世紀の「トラキア王の黄金のマスク」が見つかったのもこの地域だ。北へ15キロほど行くと、露土戦争の激戦地となったシプカ峠がある。時間に余裕があれば、足を延ばしてみるのもいいだろう。

陽に当たると香りが飛ぶので、
バラ摘みは早朝から昼前までに行う

ベテランだと一日に約40kg収穫するという

祭りの期間中は、バラ公園を花でディスプレイする

昔の製法でローズオイルとローズウォーターを抽出

バラ祭りの会場から別の会場へと向かう一行

カザンラク中心地 MAP
テュルベト公園
公園への階段
TERES Hotel
トラキア人の墳
Thracian Ton
(P132)
クラタ民俗博物館
Ethnographic Complex "KULATA"
(P130)
Nikola Petkov Str.
Oreshaka Str.
Osvobozhdenie Str.
Voynishka Str.
バラ博物館
Museum of Roses (P128)
バラ公園
Rosarium Park
アルセナル文化会館
Stara reka Str.
スタラタ川
Starata reka
Stara Planina Str.
Shipchenska epopeya
教会
アートギャラリー・カザンラク
イスクラ歴史博物館
Makedonia
General Skobelev
Aleko Konstantinov
Hristo Botev Str.
イスクラ通り Iskra Str.
観光案内所
ベレッザ・カフェ・バー
Bellezza Cafe Bar (P135)
ニューヨーク・パブ New York Pub (P135)
セヴトポリス広場
Sevtopolis Square
グランド・ホテル・カザンラク
Georgi Benkovski
郵便局
Knyaz Aleksandar Batenberg Bul.
Statelov
D-r Stambolski
Hadzhi Dimitar
Kliment Ohridski
ロゾヴァ・ドリナ大通り Rozova dolina Bul.
Trakia
チャノヴェテ
Чановете
(P134)
Hristo Botev Str.
Konstantin Velichkov
Lev Tolstoy
アフトガーラ
カザンラク駅

バラが咲き誇る季節に

バラ祭りで活気づいていたカザンラクの街。最初に訪れたのは、「クラタ民俗博物館」だった。友人の家に招かれたような気分で、19世紀の古い邸宅へと足を踏み入れる。庭では蒸留釜に火を入れて、ローズオイルを抽出。バラの季節限定のデモンストレーションだ。博物館を出て、近所にある長い階段を上って行くと、そこは「トラキア人の墳墓」が残るテュルベト公園。オリジナルは見学できないので、レプリカのある建物へ。狭い墓室の中に入って天井を見上げると、遥か遠い昔、この地で暮らしていたトラキア人が壁画から蘇ってくる。

次に向かったのがバラ公園だ。スタラタ川を渡り西へと歩く。色とりどりのバラが咲く公園は、バラ祭りのイベント会場にもなっているところ。ローズオイルにまつわる展示品が揃う「バラ博物館」もある。園内は緑の木々で覆われ、ベンチで寛ぐ年配の人々、ベビーカーを押

バラ祭りの期間中は露店が並ぶイスクラ通り

すママたち、遊具で遊ぶ子どもたちもいて、市民の憩いの場になっている。
　繁華街のイスクラ通りは賑やかだ。花冠をはじめとするバラ製品や、民芸品、アクセサリーなどが売られていて、露店をのぞきながら歩くのが楽しい。ワイン・エキスポの会場も、ワインが試飲できるとあって、多くの人が集まっている。セヴトポリス広場まで来ると、若者たちがオープニングセレモニーのリハーサルをしているところだった。年に一度の晴れ舞台、皆、真剣な表情だ。この日の夜、広場ではバラの女王の戴冠式が行われ、花火が盛大に打ち上げられた。カザンラクに行くなら、やはりバラの季節がいい。

階段を上って行くと、トラキア人の墳墓がある

のんびり寛げるクラタ民俗博物館の庭園

バラ公園でもイベントが開催される

FESTIVAL

**芳しい香りに
つつまれるバラ祭り**

毎年、5月中旬から6月初旬まで行われるバラ祭り。特に華やかなのが、6月最初の週末に開催されるメインイベント。ピンクのドレスを身に纏ったバラの女王が、今も目に焼き付いている。

Rose Festival
バラ祭り

街中がピンク色に染まるとき

カザンラクで初めてバラ祭りが開催されたのは、1903年のこと。バラの収穫を祝う祭りは、近郊のカルロヴォでも始まり、毎年、同時期に行われている。その年、高校を卒業する女子高生の中からバラの女王が選ばれ、バラ摘みの儀式やパレードはもちろん、様々なイベントに出席する。メイン通りにはバラ製品を売る露店が並び、広場では民族衣装を着た踊り手が軽やかに舞を披露。花冠をつけた乙女たちが通りを闊歩し、街はピンク色に染まる。行き交う人々の表情は晴れやかで、喜びに満ちていた。

メインストリートのイスクラ通りで、バラ製品を販売していた女の子

お土産に人気の
バラ石鹸

Iskra Street　イスクラ通り

この時期、カザンラクのメイン通りでは、バラの花冠や石鹸、香水など、バラ製品中心の露店が並ぶ。店はセヴトポリス広場まで続き、多くの人で賑わっていた。

1 イスクラ通りに立つ日本人女性の像。ブルガリアと日本の友好の証として2015年に設置された 2 バラの花冠やアクセサリーもハンドメイド 3 人形の中にはバラの香水が入っている 4 花冠を被れば気分も上がる！ 5 バラの香りが爽やかなドリンク用ローズウォーター 6 セヴトポリス広場にも露店が連なっていた

ブルガリアの伝統パン「ポガチャ」の品評会

Ivent イベント

バラ公園に行ってみると、伝統パンの品評会やダンスのワークショップで盛り上がっていた。セヴトポリス広場でも、民族舞踊やバラの女王の戴冠式が行われ大盛況。

次々とちぎられていく

「食べてみて！」と、パンをちぎって差し出してくれた。このあと、あっという間になくなってしまった

グランプリを獲得したパン

もうすぐできるよ

豆のスープは何人分？

スープも大好評！ 長い列ができていた

バラ公園の噴水で、男の子たちの動きが気になり……

前方に回ってみると、インストラクターと子どもたちが「ズンバ」を踊っていた

伝統的なダンスも！

セヴトポリス広場では、民族舞踊を披露。期間中はマケドニアやルーマニアなど、近隣諸国のダンサーも参加する「国際フォークロア・フェスティバル」を開催

バラを摘みながら広場を見守る「ロゾベルカ」像

メインイベントのオープニングセレモニーでは、バラの女王の戴冠式も。広場に隣接するホテルの屋上から、花火が盛大に打ち上げられた

楽しいイベントが満載

Rose picking ritual
バラ摘みの儀式

カザンラク郊外で開催されたバラ摘みの儀式。バラ畑が広がるのどかな場所で深呼吸をすると、全身が甘い香りで満たされる。民族舞踊を舞う踊り手、手づくりの花冠、そしてバラの女王、すべてが美しい。

男性たちが担ぐ板に乗り、皆に向かって手を振る

花かごを手に持ちながら華麗に舞う

肺や胃にもよいとされるダマスクローズ。香りを胸いっぱい吸い込むと、肺の調子がよくなるだけでなく、幸福感につつまれる

そーれ！

バラの花びらを大胆に撒く
一瞬にして甘い香りが広がる

17世紀にトルコ人によって持ち込まれたダマスクローズは、観賞用とは異なり、小ぶりで香りの強いバラ。天候や土壌がバラの生育に適していたことから、ローズオイルの一大生産地となった

バラ畑に隣接する会場で、息の合った民族舞踊を見せてくれた

こんなに
摘んだのよ！

観光客用の
バラ摘みかごは
ミニサイズ

スイーツや手工芸品の販売も

花冠をせっせと手づくり。バラの花びらに埋もれたい！

日本でも
お会い
しましょう！

バラの女王も出席し舞踊を鑑賞した。広島県福山市のバラ祭りや福岡県宗像市のブルガリアフェスティバルにも、毎年、参加するそうだ

バラ摘みの儀式は
近隣の村でも
やっているよ！

海外からの観光客が多い。花摘みの儀式は入場料が必要。この年は20Lv

ミニトレインも登場！

Parade　パレード

バラ摘みの会場から急いでカザンラクの中心街へ。グランド・ホテル・カザンラクの目の前の大通りで、見学できそうな場所を探す。バラの女王が馬車に乗って登場し、そのあとを個性豊かなグループの行進が続いた。

ブルガリアの民族衣装で誇り高く行進！

バイク集団の中でも、とりわけ目立っていた女性

パレードも
見に来てね

こんなかわいいピエロも

荷馬車が颯爽と走って行く

冬の伝統的な祭り「クケリ」のグループ。腰に着けているカウベルを鳴らして悪霊を払い、福を呼び込むそうだ

バラの花びらを一生懸命撒いていた女の子たち

ボクたちを
怖がらないで

クケリ祭りに登場する人形も参加

パレードの最終地点には、バラの女王専用のピンクのテントが用意されていた。行進が終わると、見学していた一般の人たちも通りに出て、伝統のダンス「ホロ」を踊る。祭りは最高潮に！

MUSEUM

古い蒸留釜のある
バラ博物館

2016年に新装オープンしたバラ博物館は、ローズオイルの歴史資料が充実。中庭には古い蒸留釜が置かれ、その周辺にはバラが咲き誇っていた。

Museum of Roses
バラ博物館

ローズオイルの魅力を知る

バラ公園内にある博物館には、18〜20世紀初頭にかけて発展していったローズオイル製造の歴史資料が展示されている。ローズオイルを抽出する道具や容器などの展示物があるほか、成分分析をする研究所や営業所で使われていたデスクも再現されていた。ローズオイルは、ヨーロッパを始めとする他国にも輸出され、当時から高値で取り引きされていたという。1キロのオイルを製造するのに、3トンものバラを使用するというのだから高価なのも無理はない。フランスの有名ブランドの香水にも使われ、バラの谷の産業を支えている。

DATA
Rosarium Park,Kazanlak
(043)164-057 9:00〜17:30
休 なし ¥6Lv
www.muzei-kazanlak.org
Map P117

バラ花壇の中心にあるのが19〜20世紀の蒸留釜。中庭を囲むように展示ホールがある

民族衣装に使う伝統小物にもバラのモチーフが採り入れられている

1 ローズオイル研究所のデスク 2 ローズオイルとローズウォーターを抽出していた蒸留釜と桶 3 バラ公園内に立つモダンな博物館。バラ製品の売店も完備している 4 ローズオイルの保存容器が展示されている。銅製の丸い容器は「クンクマ」と呼ばれる輸送用容器 5 丸い形がかわいいクンクマ

MUSEUM

バラの季節のクラタ民俗博物館

1976年に設立された民俗博物館では、19世紀の家屋が見学できる。バラの季節には、ローズオイル製造のデモンストレーションを行う。

DATA

18 Nikola Petkov Str.,Kazanlak ☎(043)164-057 9:00～17:30 休11～3月 ¥6Lv www.muzei-kazanlak.org Map P117

Ethnographic Complex "KULATA"

クラタ民俗博物館

バラのジャムとリキュールでおもてなし

エントランスを入ると、バラの花びらが浮かぶ桶の周りを、子どもたちがぐるりと囲んでいた。園内では、5月末から6月最初の週末まで、ローズオイルの製造工程が見学できるという。昔の製法で、蒸留釜と木の桶を使ってオイルを抽出する。敷地内には、ローズオイルで財を成したイヴァン・ハジノフの家があり、19世紀の都会のライフスタイルを知ることができる。塀の向こうには、当時の農家を再現した家屋があるので、比較してみるのもいいだろう。見学後は、バラのジャムとリキュールのうれしいもてなしが待っている。

19世紀に建てられたハジノフ氏の邸宅

ゲストルームのほか、ベッドルームやキッチンもある

5

6

1 2階のバルコニーから庭園を臨む 2 つい手を入れたくなってしまう 3 19世紀の農家の家屋 4 風通しのよいベランダ。農村の生活も快適そうだ 5 バラのジャムとリキュールをテイスティング 6 2時間くらい火を焚くと蒸気が溜まり、ローズウォーターができる。2回目の火入れでローズオイルが抽出される

ANCIENT TOMB

トラキア人墳墓
葬礼の宴

街の北東に位置するテュルベト公園に、先住民族トラキア人の墳墓がある。忠実に再現されているレプリカを訪ね、壁画を堪能した。

Thracian Tomb
トラキア人の墳墓

壁画から見るトラキア人の風習

第二次世界大戦中の1944年、防空壕を掘っていた兵士が偶然見つけたのがトラキア人の墳墓だった。紀元前4〜3世紀のものとされる横穴式の墓は、玄関、羨道、墓室で構成され、ドーム型の墓室の天井には死者を弔う宴の様子が描かれている。貴族だった主人とその妻は月桂冠を被り、周辺には贈物を手に持つ使用人、ラッパ演奏者、馬の御者が列を成す。トラキアの風習では、主人の死後、妻が殉死することを名誉としていたことから、描かれている女性も夫の後を追ったのだろう。墓からは男女の遺骨が見つかっている。

DATA
Park Tyulbeto,Kazanlak ☎(043)164-750 9:00〜17:30(冬期〜17:00) 休なし ¥6Lv www.muzei-kazanlak.org Map P117

ヘレニズム期の墓室の天井画。亡くなった主人が殉死した妻の手を取っている

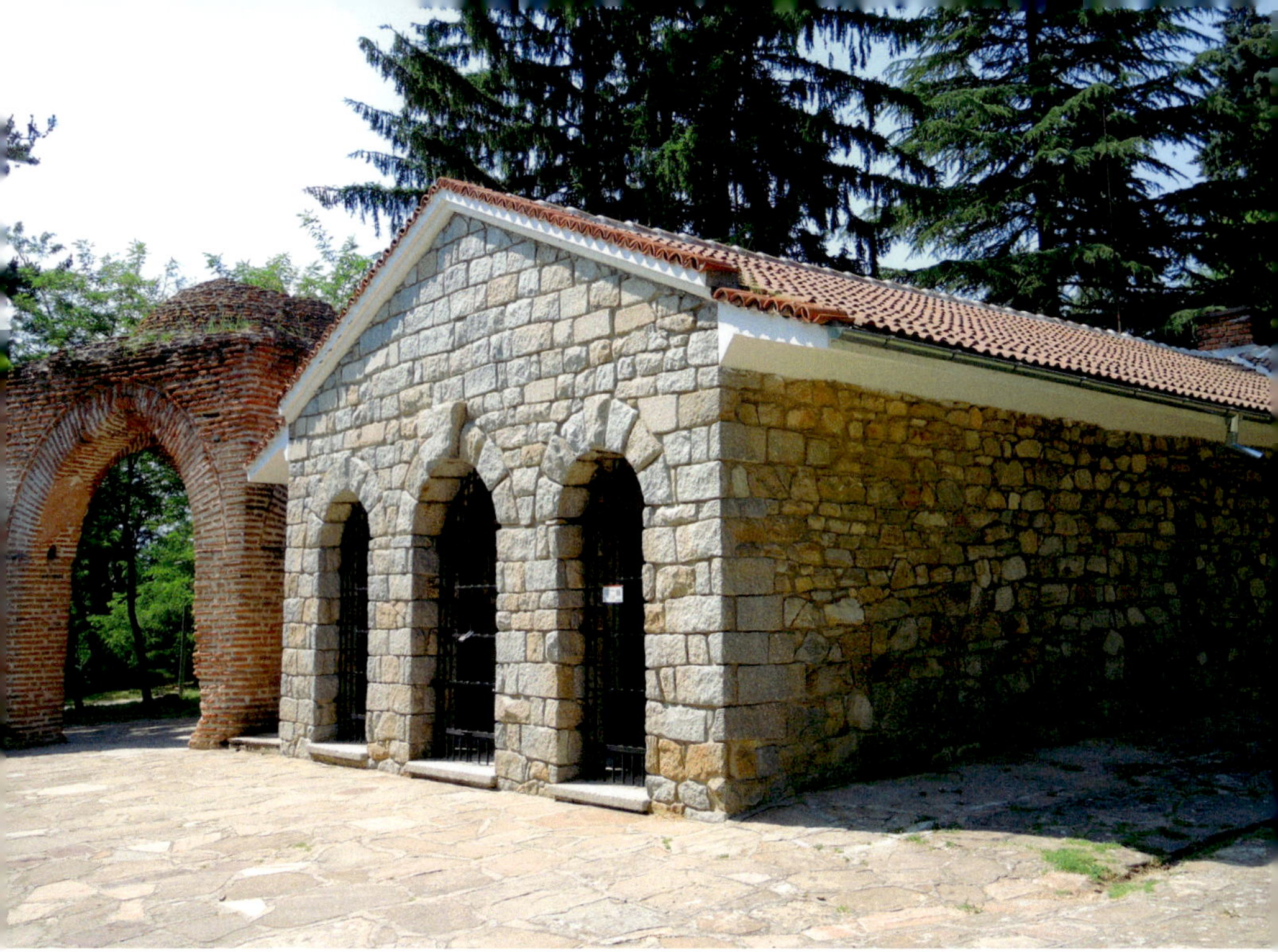

1979年に世界遺産に登録されたトラキア人の墳墓。オリジナルの墓は見学できない

1 レプリカの見学はこの入口から。オリジナルの墳墓から歩いてすぐ 2 羨道を通り墓室へ 3 墓室のドーム型の天井には、葬礼の宴の様子が描かれている。中央にあるのは3台の競技用馬車 4 墳墓で見つかった土器アンフォラ(右)と銀メッキの水差し(左)。副葬品のほとんどを盗掘されてしまったのが残念

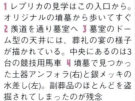

1 石塀のある古民家風レストラン 2 地元の人からも人気 3 ヨーグルトドリンク「アイリャン」 4 チーズ・ピザのような「パルレンカ」 5 パプリカの中に白チーズを詰めてフライにした「ペッパー・ビュレック」 6 定番中の定番「ショプスカサラダ」

RESTAURANT&CAFE

レストラン & カフェでくつろぎタイム

バラ祭りの季節は、食べることを忘れるくらいイベントが盛りだくさん。会場から近くて便利なレストランや、駅から歩いてすぐの郷土料理店でエネルギーをチャージしたら、また次のイベントへ！

郷土料理が食べられるよ！

Чановете
チャノヴェテ

古民家風の郷土料理店で素朴な味に出合う

カザンラク駅から歩いて5分。石塀のある古民家風の建物に入っていくと、店内には古い陶磁器や道具が並び、昔懐かしい雰囲気。メニューには、ブルガリア定番の「ショプスカサラダ」や煮込み料理「カヴァルマ」など、地元の人たちが普段食べている料理が揃う。「アイリャン」もオススメだ。

DATA
14 Hristo Botev Str., Kazanlak
☎(043)165-206
11:00〜0:00 休なし
Map P117

New York Pub
ニューヨーク・パブ

街の中心に立つ国際色あふれるレストラン

バラ祭りのイベント会場となるセヴトポリス広場に面しているレストラン。ブルガリア料理だけでなく、イタリアン、中華、ターキッシュと国際色豊か。ピザは約20種類、ヤキソバやチャーハンもある。ワインは80種類以上と、アルコール類も充実の品揃え。デリバリーも対応している。

DATA
1 Sevtopolis Sq.,Kazanlak
(088)889-2643
10:00〜0:00 休なし
www.newyorkpub-bg.com Map P117

1「グランド・ホテル・カザンラク」の1階にある 2 ミシュマシュ・ピザを注文！ ごちゃまぜという意味の「ミシュマシュ」は料理名にもなっている 3 店内は100席、屋外は150席を用意

Bellezza Cafe Bar
ベレッザ・カフェ・バー

ゆったりとした時間が流れるシンプルで気取りのないカフェ

小さな広場が目の前に広がるカフェ&バー。カプチーノやホットチョコほか、フレッシュジュース、ビール、ウイスキーなども用意している。おやつには、ティラミスやワッフルを。パスタやリゾット、サンドウィッチといった食事のメニューもある。夜は音楽イベントを開催することも。

DATA
2A Otec Paisii Str., Kazanlak (089)452-1260 7:00〜0:00 休なし Map P117

1 イスクラ通りを少し奥に入ったところにある 2 ゆったり落ち着ける空間。テラス席も人気 3 ハンギングチェアもある

06
ダマスツェナ
民俗複合施設
#日帰りトリップ

カザンラクから北西に約25km、バルカン山脈の麓に立つバラの蒸留所は、民俗複合施設の中にある。広大なバラ畑を所有し、収穫シーズンは多忙を極める。この時期、庭園では踊り手たちが民族舞踊を舞い観光客をもてなす。古い生活道具をディスプレイしている展示コーナーや黒鳥が棲む池などもあって、見どころが盛りだくさんだ。

ダマスクローズの香りに満たされる

バラ祭りの期間中、バラの蒸留所を訪ねた。カザンラクからタクシーで約20分、「ダマスツェナ民俗複合施設」に到着。既に作業場は稼働しており、早朝摘まれたダマスクローズが次々と運ばれてきた。水が入った大きな釜にバラを放り込み、煮出してできた蒸気を水で冷やす。蒸留を繰り返して、ローズウォーターとローズオイルを分離させ抽出する。一滴のオイルに50～100本のバラが使われるというから驚きだ。働く男性たちは、時間を無駄にしてはならないとばかりに黙々と作業に専念していた。

庭園では民族衣装を纏った男女が伝統の踊りを舞い、観光客を楽しませていた。ハンカチや木製スプーンを使った踊りがめずらしい。昔の生活道具が並ぶ展示コーナーや黒鳥が泳ぐ池にも立ち寄り、最後はバラ製品が揃うショップへ。せっかくここまで来たのだから、ローズコスメを購入。ダマスクローズには、殺菌や保湿、美白など、様々な効能があるそうだ。

事前にメールで予約してね

エントランスにはバラの女神像が！

DATA

Ethnographic Complex DAMASCENA ダマスツェナ民俗複合施設 24 Parvi Mai Street, Skobelevo Village, Pavel Banya ☎(088)677-7681 9:00～19:00(冬期～17:00) 休なし 12Lv カザンラク中心部からタクシー、またはカザンラク駅前のアフトガーラから「Skobelevo」行きのバスに乗って約20分 www.damascena.net Email:tourism@damascena.net Map P6

1 庭園から見たバラの蒸留所。ブルガリアのバラの香料は世界シェア7割を誇る 2 バラの香りが立ち込める蒸留所には、こんなかわいい壁画が！ 3 畑から運ばれてきたばかりのダマスクローズ。5月中旬から約3週間続く開花時期にバラの収穫が行われる 4 釜にバラを入れているところ。1kgのオイルを抽出するのに3tもの花びらが使われるという。ダマスクローズから採れるオイルは高値で買い取られ、「金の液体」と呼ばれるほど貴重とされる

1 庭園では観光客向けに歌や踊りを披露 2 お客様を迎えるときに出されるウエルカム・ブレッド「ポガチャ」。チュブリッツァというミックス・スパイスかハチミツをつけて食べる 3 ハンカチを使った乙女チックな踊り 4 木製スプーンをカスタネットのように鳴らして踊る

肌が潤う
ローズウォーター

1 蒸留所は1991年に設立。民俗複合施設は2015年にオープンした 2 よく手入れされている庭園 3 バラの咲く季節に訪れたい 4 昔の暮らしの道具が展示されているコーナーも 5 ショップには、ローズコスメやジャム、お茶、ワインなどバラ製品が多く揃う 6 バラの香りのキャンドル

イメンデン（ネームデー）

ブルガリアには、聖人に由来する名前をもつ人たちを祝う「イメンデン」（ネームデー）がある。祝福される本人が、皆にごちそうを振る舞い、学校や会社では、チョコやキャンディなどのお菓子を配るのだとか。自宅で料理を用意して待っていると、友人や知人が次々とやって来て、ごちそうを食べていくという。

例えば、5月6日の「ゲルギョフデン（聖ゲオルギの日）」には、ゲオルギに由来する名をもつ者が、子羊のローストやグリーンサラダ、ヨーグルトなどのごちそうを用意する。聖ゲオルギは、農業や家畜、羊飼いの守護聖人でもあるので、この日から農作業や家畜の放牧が始まる。夏の始まりとされる重要な祝日でもあるこの日、太陽が昇る前に若い女性が朝露のついたハーブを摘み、このハーブを使ってお茶や薬として飲むと健康によいとされている。健康を願いながら、朝露のついた芝生の上を素足で歩く人もいるそうだ。

もう一つ有名なのが12月6日の「ニコルデン（聖ニコライの日）」。聖ニコライは海運の守護聖人で、この日はシャランと呼ばれる鯉の料理を食べる習慣がある。鯉の中に詰め物をしたオーブン焼きや、パイの包み焼きなどにしていただく。

イメンデンは、年間約120日。なかには、花の名前をもつ人たちを祝福する日もあるとか。

「聖ゲオルギの日」に、子羊の丸焼きをつくっているところ

子羊のローストに内臓の入ったピラフを添え、ヨーグルトをかけていただく。「聖ゲオルギの日」でなくても、レストランで食べることができる

聖ニコライは、船員や漁師、銀行員や商人など、海やお金にまつわる職業の守護聖人でもある。この日食べた鯉のウロコを財布の中に入れておくと、お金が貯まるそうだ。鯉の骨は土に埋めるか川や海に捨てると、家が繁栄すると言われている

VARNA

ヴァルナとその近郊

ヴァルナの中心街、スリヴニツァ大通りの人気者

ヴァルナって こんなところ

黒海沿岸に位置するヴァルナは、7、8月のハイシーズン中はリゾート客が多く、ブルガリアの「夏の都」と呼ばれるほど。人口は約34万人、ソフィア、プロヴディフに次ぐ第3の都市だ。古くからトラキア人が住み、紀元前570年には、ミレトス（現在のトルコの町）からギリシャ人が入植、町を「オデソス」と名づけた。やがて貿易港として栄え、重要な経済拠点となる。1世紀にはローマ帝国の支配下に置かれ、公共施設などの建設が進んだ。公衆浴場もその一つ。バルカン半島最大の浴場跡が港近くに残る。1972年にはヴァルナ近郊で、世界最古の黄金が見つかった。紀元前5000〜4000年頃のものとされる金細工は、「考古学博物館」で見ることができる。街の中心地には黄金のドームが印象的な「大聖堂」が聳え立ち、海岸沿いには、ヴァルナ市民の憩いの場「プリモルスキ公園」が広がる。夏のビーチは、海水浴を楽しむ多くの人たちで賑わう。

街の雰囲気はどこか西欧風

1886年に建てられた大聖堂は、ヴァルナのシンボル

ストヤン・バチュヴァロヴ劇場のある通り

ブルーの海に魅了される

プリモルスキ公園内には遊園地もある

世界最古の黄金が展示されている考古学博物館

ローマ浴場跡は、ビーチから歩いて行ける距離

ネザヴィシモスト広場の噴水

VARNA
ヴァルナ
街さんぽ

夏の陽光を浴びながら潮風薫る街へ

聖キリル・メトディー広場に立つ「大聖堂」で荘厳なムードに浸ったあとは、プレスラヴ通りを歩いてネザヴィシモスト広場へ向かう。コーラルピンクが鮮やかな建物は、「ストヤン・バチュヴァロヴ劇場」。大きな噴水の周りでは、カモメが元気よく飛びまわっている。おしゃれなショップが並ぶボリス1世通りへと進み、スリヴニツァ大通りまで来ると、左手には民族復興期のヒーロー、ステファン・カラジャの胸像が立っていた。右方向に行くと、テラス席のあるカフェやレストランが軒を連ねている。通りの真ん中で勢いよく跳び出していたのは、イルカのブロンズ像。2頭のイルカが微笑んでいるように見えた。その先にあるのが黒海だ。海沿いには、「プリモルスキ公園」が広がり、色彩豊かな花々や緑の木々に癒される。

ビーチでは水着姿の人々が思い思いに過ごしていた。気がつけば、もう昼時。海を一望する

黒海沿いのビーチは、海水浴客で賑わっていた

レストランで、新鮮な魚介料理を楽しむことにした。お腹を満たしたら、散歩を再開。すると、道端に置かれたダンボール箱の中から、子ネコの鳴き声が聞こえてきた。母ネコが箱の中を心配そうに見つめている。お乳を飲ませようとやって来たのに、なかなか外に連れ出せない。2匹のうち1匹は目が見えないようだ。自ら箱をひっくり返し、ようやく授乳に成功。偶然、通りがかった近所に住む親子と一緒に見守った。

次に向かったのは、「ローマ浴場跡」。アパートが立つ一角に、昔の面影を残しながら、ひっそりと佇んでいる。壁や柱が残る静かな場所で、ローマ時代の人々が風呂を楽しむ様子を想像してみた。

ネザヴィシモスト広場に立つ、ストヤン・バチュヴァロヴ劇場

2世紀後半から3世紀のローマ浴場跡

黒海へと向かうスリヴニツァ大通り

PARK

海風がそよぐ
プリモルスキ公園

黒海沿いに横たわる海洋公園は、チェコ人園芸家によってデザインされ、徐々にその規模を拡大していった。園内は花や緑にあふれ、市民の散歩コースになっている。

DATA

Primorski Blvd., Varna

Map P143

Primorski Park
プリモルスキ公園

ヴァルナ市民の憩いの場

繁華街のスリヴニツァ大通りを海に向かって歩き、プリモルスキ公園までやってきた。白い列柱の立つエントランスの先に見えるのは、碧く輝く海。心地いい海風を感じながら、緑の木々が茂る園内へ。色鮮やかな花壇や噴水の周りには、人々が集いおしゃべりを楽しんでいる。遊園地から聞こえてくるのは、子どもたちの笑い声。ウサギ動物園では、少女たちがウサギを必死に追いかけていた。休憩ができるカフェもあって、一日中のんびり過ごしたくなる。ここはヴァルナで暮らす人々にとって、大切な憩いの場なのだ。

まるで、花のカーペットを敷きつめたかのよう

1 ドルフィンショーが観賞できるイルカ水族館や海軍博物館、プラネタリウムにテニスコートと、娯楽施設が充実の公園 2 自然につつまれた園内を散歩すれば、気分もリフレッシュ 3 ウサギを追いかけ、やっと捕まえた！ 4 遊園地は親子連れで賑わっている 5 大きな池では、ボート遊びも 6 園内にはカフェや売店もある

THERMAE

ローマ浴場跡に行く！

ヴァルナがローマ帝国の古代都市「オデソス」だった頃の公衆浴場。その跡地には当時の壁や柱が今も残る。

DATA

13 San Stefano Str.,Varna ☎(052)600-059 9:00～19:00(11～4月10:00～17:00) 休11～4月の月曜 ¥5Lv
www.archaeo.museumvarna.com
Map P143

The Roman Thermae of Odessos

オデソスのローマ浴場跡

古代ローマ時代へと誘われる

2世紀後半から3世紀のものとされる浴場跡は、広さ約7000平方メートル。ローマのカラカラ浴場、ディオクレティアヌス浴場、ドイツのトレビラ浴場に次ぎ、ローマ帝国で4番目の規模を誇る。風呂は冷温、微温、高温に分けられ、プールも備わっていたという。この時代から床下暖房システムが完備されていたことにも驚く。草が生い茂る跡地に一人立つと、ローマ時代へと誘われる。軽く運動をこなして、オイルマッサージをしてもらい、ゆったりと風呂に浸かる。そんな光景が目に浮かんできた。

かつて更衣室だった場所に建築物の一部が残る

5 微温浴室だった場所にも草木が生い茂っていた 6 入口近くの階段を下りた左側は、かつてのトイレ 7 チケット売り場の横にはカフェもオープン

1 浴場施設の入口付近には売店が並んでいたそうだ。入館料は安く、子どもや兵士、主人に付き添う奴隷は無料だった 2 人々が議論やおしゃべりを楽しんだ大ホール。入浴前の運動もここで行っていたという 3 暖かい空気を施設中に巡らす床下暖房のシステム 4 柱部分には装飾が残る

1 海の眺望と新鮮シーフードが楽しめる 2 ビーチを散歩していて、たまたま見つけた一軒 3 白い砂浜に立つシーフードレストラン 4 開放感があってリラックスできる

RESTAURANT&CAFE

レストラン & カフェでくつろぎタイム

黒海に面したヴァルナでは、海の恵みを満喫。シーフードがおいしいビーチ沿いのレストランやプリモルスキ公園前のカフェ&バーで、とっておきを味わおう!

フィッシュ&チップス(右)とムール貝

Kaптaж
カプタシュ

煌めく海を間近に眺めながら新鮮な魚介料理を堪能する

シーバス、タイ、サケのBBQ、アジフライやタコのグリルなど、魚介中心の料理が味わえる。デザートには、アイスクリームやチョコレートケーキも！ソフトドリンクやアルコールのメニューも豊富。海を眺めながら、絶品シーフードを心ゆくまで楽しみたい。

DATA
Captain Georgi Georgiev, Varna
☎ (088)884-5184
9:00〜23:00
休 なし Map P143

1 目の前は海。大人数を収容できる 2 夏だけの営業かと思ったら、一年中オープンしているという 3 バターでソテーした甘エビは5Lv

Кръчмата
クラチマタ

旬の海の味覚を求めて 黒海沿岸のレストランへ

海沿いの道路には、オープンエアのレストランが軒を連ねている。なかでも賑わいを見せていたこの店に入ってみることに。よく知られた定番の魚以外にも、メルルーサやニードルフィッシュ、ウバウオといっためずらしい魚の料理もある。パンケーキやヨーグルトアイスなど、デザートも多彩。

DATA

Coastal Alley, Varna
☎ (088)874-0384
11:30〜24:00
休 なし
Map P143

1 フェスティバル&コングレスセンター隣接のカフェ&バー 2 広々としたスペースで寛ぎのひとときを 3 店の向かいには、プリモルスキ公園の入口の列柱が見える

Bar de Rouge
バー・ドゥ・ルージュ

プリモルスキ公園が目の前 カクテルが充実のカフェ&バー

プリモルスキ公園のエントランス前にあるカフェ&バー。マルガリータやモヒート、ジントニックほか、オリジナル・カクテルも揃う。シェイク4.99 Lvやアイス・ネクター5.49 Lvもオススメ。行き交う人々を眺めながら、のんびり過ごしたい。

DATA

2 Slivnitsa Blvd., Varna
☎ (089)554-5500
8:00〜翌2:00
休 なし
Map P143

07

バルチク

#日帰りトリップ

ヴァルナから黒海沿いに北へ約45km。ルーマニア王妃マリアの夏の離宮と大学植物園を訪れるため、バルチクにやって来た。ビーチ沿いの敷地に広がる植物園には、王妃が愛でた花が咲き誇り、多種多彩なサボテンも。王妃やその家族が滞在した建物や庭園を巡りながら、花や緑に癒される。

マリア王妃が愛した海辺の離宮＆ガーデン

バルチクのある南ドブロジャ地方は、第二次バルカン戦争の敗北で1913年にルーマニア領となった場所。当時のルーマニア王妃マリアは、海辺のこの街を大変気に入り、夏の離宮を建てた。「The Quiet Nest Villa」と呼ばれる王妃のヴィラほか、別棟のキッチン＆ダイニング、チャペル、小さな発電所もあり、生活するのに十分な設備が整っていたようだ。敷地内には滝や小川が流れ、ユリやアイリス、バラなど、王妃が愛した花々が彩る庭園があちらこちらに。目の前の海にも癒されたことだろう。

南ドブロジャは1940年にブルガリアに返還されたが、離宮はそのまま残されることになった。現在、王妃の庭園は、大学植物園に管理されている。離宮へは、ビーチ沿いのエントランスからも行ける。ミナレットのような尖塔をもつ白い建物が王妃のヴィラだ。落ち着いた佇まいが夏の別荘にふさわしい。

DATA

Architectural-Park Complex "The Palace"マリア王妃夏の離宮 1 Kurortna zona Dvoretsa, Balchik (0579)768-49 8:00〜20:00(冬期8:30〜17:00) 休なし ¥6Lv www.dvoreca.com

University Botanic Garden in Balchik大学植物園 28 Akad. Daki Yordanov, Dvoretsa, Varna (0579)723-38 8:00〜20:00(冬期8:30〜17:00) 休なし ¥8Lv ubg-bg.com ヴァルナのCentral Bus Staionからバスに乗って約45分。バルチクのバス停手前、Paris Hotelで降ろしてもらい、そこから北側エントランスまで徒歩約15分 Map P6

1 バルチクの海を一望する 2 海水浴シーズン前の静かなビーチ 3 マリア王妃の写真付きマグカップ 4 ビーチ沿いの店ではヒトデや貝殻なども売られていた 5 土産物店で思い出に残るものを買って帰りたい 6 近隣にはホテルもあるが、敷地内の幾つかのヴィラで宿泊もできる

Architectural-Park Complex "The Palace"
マリア王妃夏の離宮

夏の離宮の設計を開始したのは1924年のこと。キリスト教とイスラムの特徴を散りばめた庭園は、世界各国から取り寄せた花や植物で彩られている。豊富な湧き水が滝や池をつくりながら、石壁のテラスを流れるようにデザイン。王妃が滞在したヴィラは、自然と調和した慎ましい造りになっている。海を眺めながら、どんなバカンスを過ごしていたのだろう。

1 ビーチ側のエントランス。大学植物園のチケットも一緒に購入できる。石段を上って敷地内へ 2 マリア王妃が滞在した「The Quiet Nest Villa」 3 大理石の王座と円柱の一部を利用したテーブル。海を一望する王妃お気に入りの場所

トルコのデザインをミックスさせた「The Quiet Nest Villa」。白い尖塔がモスクのミナレットのよう

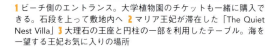

1 赤い布張りのイスは、ダイニング・ルームで使われていたもの **2** 王妃が使用していた家具や愛用品が展示されているホール **3** ベッドの上に掲げているのは王妃の肖像画 **4** 色ガラスに癒されるターキッシュ風呂。天井には湿気を逃がす小さな穴が開いている **5** エレガントな模様で埋め尽くされているサイドボード **6** 王妃が愛用していた鏡台

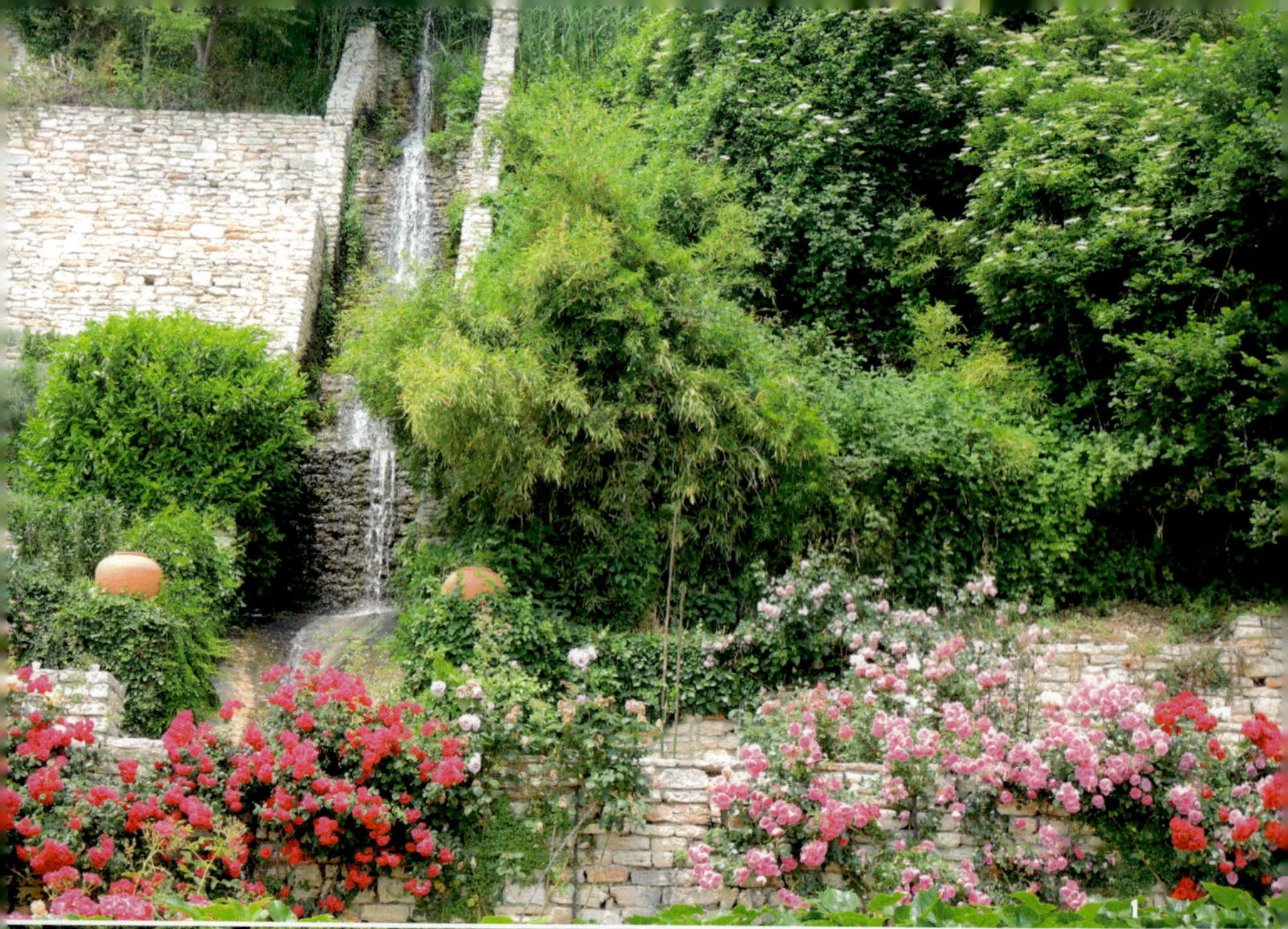

1 小さな滝が流れるバラ庭園 2 敷地の東と西を結ぶ「The Bridge of Sighs」。目を閉じて願い事をしながら橋を渡ると叶うとか 3 橋から見渡す滝の眺め。右側の小屋は発電所 4 英国王室の血を引く王妃は、故郷への想いをこめてこのイギリス式庭園を造った 5 様々な品種のバラが咲き誇るバラ庭園。50種類以上あるという

6 井戸水が水晶のように澄みきっていたことから「The Silver Well」と名付けられた 7 バラ庭園から穏やかな海を見渡す 8 蔦が絡まる「The Temple of Water」 9 小さなチャペル「The Chapel Stella Maris」には、1938年に亡くなった王妃の心臓が安置されていたが、1940年の領土返還でルーマニアに戻された 10 チャペルに隣接する、十字架を模った池 11 泉の神ニンフを祀る神殿のよう

University Botanic Garden in Balchik
大学植物園

1955年にソフィア大学の教授によって設立された大学植物園は、広さ約20ヘクタール、4900種以上の植物が植えられている。サボテンと多肉植物の数は、モナコに次いで世界第2位。離宮に隣接する植物園には、天に向かって真っすぐ伸びる糸杉とよく手入れされた花壇が広がり、東側には多彩なサボテンやアロエなどが植えられている。

1 北側のメインエントランス。離宮にも行ける 2 北側から入園するときは、ここでチケットを購入する

塀の外からのぞくと、一幅の絵のような美しさ

1 額縁の中のベンチに座って撮影すれば、旅のいい記念に 2 開放的な「God's Garden」。花が満開になると、また違った光景に出合える 3 赤いツボミがかわいい！ 4 サボテンがズラリと並ぶ。11～3月は15℃に保たれた温室に入れるそうだ 5 立派な糸杉の間を水が流れる

08

ゴールデン・サンズ

#日帰りトリップ

黒海沿岸のなかでも人気のビーチリゾート「ゴールデン・サンズ」は、ヴァルナから北へ約18km。かつて、海賊が砂浜に金の宝を埋めたことから、ビーチの砂が黄金色になったという伝説が残る。ブルーに輝く海と、その周辺にはアミューズメント施設が充実。家族連れも多く、子どもから大人まで楽しめるリゾート地だ。

ゴールデン・サンズは誘惑がいっぱい

ホテルやショップ、レストランが並ぶ道を通り、ビーチへと向かう。海が見えてくると、そこにあったのは、観覧車とエッフェル塔。道路にはミニトレインが走り、ヤシの葉で葺いた屋根の下には、ビールやカクテルを飲む人たちの姿も。砂浜には白いサン・ベッドが整然と並べられ、海水浴を楽しむ人もいれば、マリンスポーツに興じる若者たちもいる。

賑やかなエリアへ行くと、目に入ったのがタトゥーの店。バカンス中の夫婦が気軽にタトゥーを入れている。小さなサイズで70〜80Lvだという。妻のほうは施術が終わったばかりで、腕にラップを巻いていた。周りを見渡せば、髪を細かく三つ編みにしてくれる露店や、魚が古い角質をとるフィッシュ・スパもある。リゾート地ならではの店が並び、誘惑が絶えない。喧騒を離れたあとは、再びビーチへ。波打ち際で遊ぶ子どもたちや、穏やかな海を眺めながら、のんびり過ごした。

海を眺めながら一杯飲むのもいい

ポニーに乗って周辺を散策

DATA

ヴァルナの観光案内所前のバス停から、ゴールデン・サンズ行き9番バスに乗って約30分　**Map** P6

1 7、8月のハイシーズンには多くのリゾート客が訪れる 2 まるで遊園地のよう。エッフェル塔にはカクテルバーが入っている 3 海を一望する船のレストラン 4 イチゴやチェリー、スイカと、なぜか赤いフルーツばかり 5 トウモロコシもおいしそう！

ブルガリアワイン

ドナウ川沿いのオリャホヴォにあるワイナリー「Burgozone」は、まるでお城！

ブドウ畑とドナウ川、その向こうはルーマニアだ

「リュトン」の底や突端には小さな穴があり、そこから流れ出たワインは神聖なものとされた

ピンク色の
バラのワインも
お試しあれ

1 2

1 バラのワインもある 2 パナギリュシュテという町で発見された遺宝「リュトン」と「フィアラ盃」がラベル(エチケット)に！

恵まれた土壌と気候により、古くからワイン造りが盛んだったブルガリア。紀元前4000年には、先住民のトラキア人がワイン醸造を始めていたことが文献に残っている。ワインの神「ディオニュソス(バッカス)」を崇拝していた彼らが、儀式のときに使用していたワイン用の角杯「リュトン」や「フィアラ盃」なども見つかっている。

オスマン帝国時代に入るとワイン醸造は衰退し、もっぱらデザート用のブドウを栽培することに。独立後はワイン造りを再開し、第二次世界大戦のあとはソ連をはじめとする国々に輸出するようになる。1990年には国有企業が民営化され、2000年頃から個人ワインメーカーが次々と誕生。現在は全国に約250のワイナリーがある。ワインの産地は、ドナウ平原、バラの谷、トラキア平野、ストゥルマ川渓谷、黒海沿岸の5つの地域。ブルガリア固有のブドウの品種は、Mavrud、Rubin、Pamid、Gamza、Shiroka Melnishka、Dimyat、Cherven Misket、Tamiankaがあり、外来品種も栽培している。生産量のうち、およそ80%を日本や中国、アメリカ、カナダ、西ヨーロッパなどに輸出。ちなみに、1970年代は、日本の国産ワインの70%がブルガリアワインだったそうだ。

ブルガリアのワイナリーは、見学や試飲ができるところもあるので、訪ねてみるのもいいだろう。

Map P6

ギリシャやマケドニアに近い、ペトリッチにあるワイナリー「Orbelus」

メルニックのワイナリー「Villa Melnik」には、洞窟のようなワインカーヴがあった

発酵用のステンレスタンクが並ぶ

ハスコヴォにあるワインメーカー「Alexandra Estate」のブドウ畑。眺めのいい場所にテーブルをつくってもらい、ワインのテイスティング！

プロヴディフに近いアセノフグラッドのワイナリー「Chateau Asena」。地下には1千ものワイン樽が！

Сувенири

ブルガリアのお土産

旅の思い出と一緒に持ち帰ったお土産をご紹介。バラの国だけあって、バラ製品がたくさん！　刺繍アイテムもかわいい！　職人街で購入した手工芸品は今も大事に使っている。ブルガリアの味が蘇るスパイスも買って正解！

カザンラクでは、花冠をつけてバラ祭りを満喫

Rose Soap

バラの香りに癒される石鹸は、お土産の定番

Magnet

聖ゲオルギ教会で購入したイコンのマグネット

ブックマークにも刺繍！

刺繍がかわいいペンダント

食事をするのが楽しくなるランチョンマット。刺繍デザインが豊富！

Accessary

ペンダントトップは何とバラの花びら！

バラの香水の容器は形も様々。
一見普通の人形も、開けてみると香水が！

ヴェリコ・タルノヴォの職人街で
購入したスグラッフィート陶器の器

キノコの絵が素朴な木製
のホイッスル

「ガイダ」と呼ばれるバグパイプ。ミニサイズなら気軽にお持ち帰りできる

水を入れて吹くと、きれいな音色が響く。ミニポットに見えるが実は水笛

ローズオイル配合のハンドクリームは、ヨーグルト(右)やアルガンオイル(左)入りのものをチョイス

Jam

バラの花びらが入ったジャムは、トーストにたっぷりのせて食べたい！　ヨーグルトにトッピングしてもOK

Spice

「シャレナソル」は、ハーブやスパイス、塩をミックスした調味料。
遊び心のある楽しいビン詰も販売されている

乾燥させたハーブが入っている「チュブリッツア」は、どこの家庭にもあるスパイス。パンにつけたり、料理に入れたりと万能

Храна

おいしいブルガリア

ギリシャやトルコなど、周辺国の影響を受けた料理も多くあるが、ブルガリアといえば、ヨーグルト。料理に入れたり、添えたりするのはもちろん、手軽につくれるヨーグルト・ドリンクもある。

ヴィネン・ケバブ/Винен кебаб

肉と野菜をワインで煮込んだワイン・ケバブ。ライスやパンと一緒に！

サチ/Сач

ジャガイモ、タマネギ、ナス、パプリカなど、野菜が豊富な鉄板焼

ミシュマシュ/Мишмаш

卵、チーズ、トマト、パプリカ、タマネギなどを混ぜて炒めた料理

チョルパジア・ペッパーズ
Чорбаджийски чушки

唐辛子を焼いた料理

アグネシュコ/Агнешко

5月6日の聖ゲオルギの日のお祝いに食べる料理で、子羊のローストにピラフやグリーンサラダ、ヨーグルトを添える

パスタルヴァ
Пастърва

マス料理

カヴァルマ/Кавърма

肉やトマト、パプリカなどを煮込み、卵をのせてオーブンで焼く

ケバプチェ/Кебабче

棒状の炭火焼きハンバーグ

キュフテ/Кюфте

ブルガリアのハンバーグ

タラトール/Таратор

キュウリ、クルミ、ニンニク、ディル、塩、オリーブオイルが入った、冷たいヨーグルトスープ

ショプスカサラダ/Шопска салата

トマトやキュウリなどの野菜に、シレネという白チーズをのせた定番のサラダ

バニッツァ/Баница

フィロという薄いパイ生地にシレネチーズやヨーグルトをはさんで焼いたパイ。ホウレン草や、ひき肉入りもある

パルネナ・チュシュカ
Пълнена чушка

赤ピーマンに、味付けした野菜&ライスを詰めて蒸し煮にしたもの

カシュカヴァル・パーネ
Кашкавал пане

チーズ・フライ

サルミ/Сарми

米とひき肉をブドウの葉で包んで煮る。キャベツのサルミもある

ポガチャ/Погача

お祝いやおもてなしの時に出されるパン。チュブリッツァ、シャレナソルといったスパイスやハチミツなどをつけて食べる

パラチンカ/Палачинка

薄い生地で焼いたパンケーキ

ロクム/Локум

モチモチっとした食感の甘いお菓子。イチゴやイチジク、バラなど様々な味がある

ハルヴァ/Халва

ヒマワリの種、小麦粉、砂糖などを練って固めたお菓子

ラキヤ
Ракия

ブドウやアプリコット、ナシなど果実でつくる蒸留酒。写真はバラのラキヤ

ヴィノ/Вино

ブルガリアはワイン大国。バラのワインもある

ボザ/Боза

麦を発酵させてつくる、酸味と甘味のある飲料

アイリャン
Айрян

ヨーグルトに水と塩を加えたドリンク

Готвене

バニッツァ・簡単クッキング

ブルガリアで朝食やおやつによく食べられているバニッツァは、薄いパイ生地に白いチーズ「シレネ」やヨーグルトをはさんだチーズパイ。ネギやホウレン草入りもあって、ベーカリーなどでも売られている。つくり方は簡単！カザンラクに暮らすゾラトカさんにレシピを教わった。

ヨーグルトは手づくり！右はアイリャン(水と塩少々を加えたヨーグルトドリンク)

Ingredients　材料/2枚分

フィロ(薄いパイ生地)	500g
シレネ(白チーズ)	500g
イズバラ(脂肪分の少ないチーズ)	280g
卵	5個
ヨーグルト	700g
バター	200g
ベーキングパウダー	小さじ1

卵、ベーキングパウダー、ヨーグルト、イズバラをボールに入れ混ぜ合わせたら、シレネを投入しかたまりをつぶしながらさらによく混ぜる。

溶かしたバターを入れて混ぜる。

耐熱容器にバターを塗る。

フィロを1枚ずつ丸める。

焼き上がったわよ！

市販のバニッツァより数倍おいしい！アイリャンとも好相性。各家庭でレシピも異なるそうだ。フィロやチーズは日本にあるもので代用できるので、早速つくってみては。

耐熱容器にまんべんなく並べる。

チーズ液をかける。

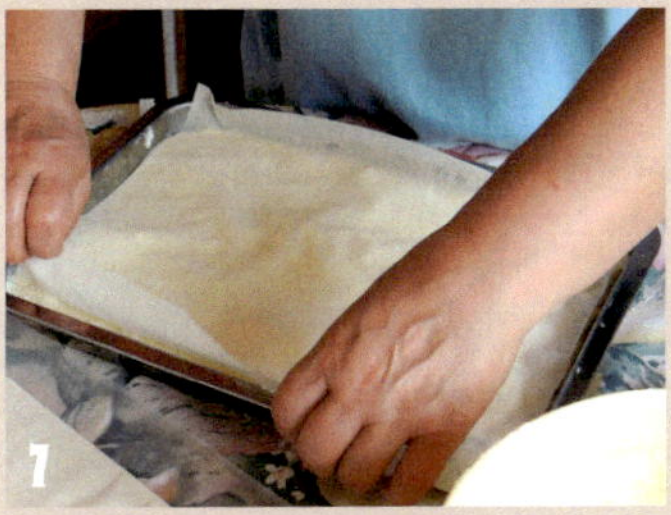

フィロでカバーする。

その上にさらにチーズ液をかける。

170℃に予熱しておいたオーブンで30分焼く。

出来上がったバニッツァに、水を少々振りかける。

ペーパータオルでカバーし、その上からタオルをかける。10分蒸らしたら食べ頃！

切り分けたら、さあ召し上がれ。

Основна информация

旅の便利帖

ブルガリア基本情報

[入国]　90日以内の観光はビザ不要。ただし、入国時にパスポートの残存期間が6カ月以上必要

[電圧]　電圧は220V、周波数50Hz、プラグはCタイプ

[チップ]　食事の10%

ブルガリア国旗

[気候]

国のほぼ中央を東西に走るバルカン山脈を境に、北と南では気候に変化がある。山脈以北は大陸性気候で、夏は高温多湿、冬は寒さが厳しく乾燥しやすい。山脈以南は、地中海性気候の影響を受け、年間を通して比較的温暖。黒海沿岸は内陸部に比べ、夏はそれほど高温にはならず、冬は寒い日もあるが比較的過ごしやすい。旅のベストシーズンは、春から秋にかけて。バラ祭りのある5、6月は、日本からの観光客が最も多い時期。黒海沿岸のリゾート地は、6～9月がおすすめだ。

正式国名	ブルガリア共和国 Republic of Bulgaria
首都	ソフィア
面積	11万912㎢ (日本の約3分の1)
人口	705万人
公用語	ブルガリア語
宗教	ブルガリア正教が約80%、その他、イスラム教、カトリック、プロテスタントなど
民族	ブルガリア人、トルコ人、ロマなど
政体	共和制
時差	日本よりマイナス7時間、サマータイムはマイナス6時間
通貨	レフ、複数はレヴァ(Lv) 補助通貨ストティンカ、複数はストティンキ 1 Lv＝約65円 1 Lv＝100ストティンキ 1€≒1.95Lv(固定相場制) ※地方だと日本円が両替できない場合があるので、ユーロを持参するとよい
EU加盟年	2007年

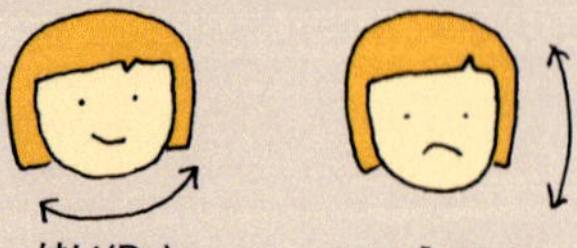

ブルガリアでは、「はい」は首を左右に振り、「いいえ」は首を縦に振る

交　　通

[　ソフィア市内　]

ソフィア市内の公共交通機関は、トラム、バス、トロリーバス、メトロがある。切符はどれも1乗車1.6Lv。

すべての公共交通機関

1 Day Pass …4Lv　3Days…12Lv

30Days…50Lv(カード代2Lv)

メトロカード(10回乗車)…12Lv(カード代1Lv／セルディカ駅窓口で販売)

※プロヴディフ、ヴェリコ・タルノヴォ、カザンラクの公共交通機関はバスのみ、ヴァルナはバスとトロリーバス。

メトロカード

メトロチケット

セルディカ2駅の構内には、発掘された遺跡の一部が展示されている

トラムも市民の重要な移動手段

[　ブルガリアへのフライト　]

日本からの直行便はなく、ターキッシュエアラインズのイスタンブールやアエロフロート・ロシア航空のモスクワほか、ヨーロッパなどの都市を経由して行く。

[　ソフィア空港から市内へ　]

メトロ

ターミナル2を出て左手に進むと、メトロの入口がある。M2線に乗って、市内中心地のセルディカ駅まで約30分。切符は1.6Lvだが、スーツケースなど大きな荷物がある場合、もう1枚切符を購入する必要がある。

ソフィア空港のメトロ入口

タクシー

街の中心地まで約20分、料金は15Lv前後。タクシー会社や行き先によっても異なるので、乗車する前に要確認。

ソフィア市内を走るタクシー

Разговор

旅の会話手帖

ちょっとした挨拶から感情表現まで、現地の言葉で話してみよう。笑顔で会話をすれば、ブルガリアの人たちもきっと親しみを感じてくれるはず。

基本フレーズ

おはよう **Добро《ドブロ》 утро《ウットロ》**

こんにちは **Добър《ドバル》 ден《デン》**

こんばんは **Добър《ドバル》 вечер《ヴェチェル》**

おやすみなさい **Лека《レカ》 нощ《ノシュト》**

さようなら **Довиждане《ドヴィジュダネ》**

はい **Да《ダ》** いいえ **Не《ネ》**

ありがとう **Благодаря《ブラゴダリャ》**

どういたしまして **Моля《モリャ》**

ごめんなさい **Извинете《イズヴィネテ》**

お元気ですか？ **Добре《ドブレ》 ли《リ》 сте《ステ》?**

元気です、ありがとう

Добре《ドブレ》 съм《サム》, благодаря《ブラゴダリャ》.

はじめまして **Здравейте《ズドラヴェイテ》**

お会いできてうれしいです

Приятно《プリヤットノ》 ми《ミ》 е《エ》 да《ダ》 се《セ》 запознаем《ザポズナエム》.

あなたのお名前は？ **Как《カク》 се《セ》 казваш《カズヴァシュ》?**

私の名前はSannaです **Казвам《カズヴァム》 се《セ》 Санна《サナ》.**

日本から来ました **От《オット》 Япония《ヤポニヤ》 съм《サム》.**

仕事は何をしていますか？

Какво《カクヴォ》 работите《ラボティテ》?

私は会社員(学生)です

Работя《ラボテャ》 във《ヴァヴ》 фирма《フィルマ》(Студент《ストデンット》) съм《サム》.

楽しい一日を！ **Приятен《プリヤテン》 ден《デン》!**

ソフィアホテルはどこですか？

Къде《カデ》 се《セ》 намира《ナミラ》 хотел《ホテル》 София《ソフィヤ》?

予約しているSannaです

Имам《イマム》 резервация《レゼルヴァツィヤ》 на《ナ》 името《イメト》 на《ナ》 Санна《サナ》.

シングル(ツイン)1泊お願いします

Искам《イスカム》 единична《エディニチュナ》(двойна《ドヴォイナ》) стая《スタヤ》 за《ザ》 една《エドナ》 вечер《ウェチェル》.

これはいくらですか？

Колко《コルコ》 струва《ストルヴァ》 това《トヴァ》?

コーヒーをください

Едно《エドノ》 кафе《カフェ》 моля《モリャ》.

～行きのチケットを片道(往復)1枚ください

Един《エディヌ》 еднопосочен《エドノポソチェン》(двупосочен《ヅヴォポソチェン》)билет《ビレット》 ～ моля《モリャ》.

何時に発車しますか？

В колко《ヴコルコ》 часа《チャサ》 е《エ》 потеглянето《ポテグリャネト》?

～行きのバスはどれですか？

Кой《コイ》 автобус《アヴトブス》 е《エ》 за《ザ》 ～？

トイレはどこですか？

Къде《カデ》 е《エ》 тоалетната《トアレットナタ》?

私はお腹が空いています

Огладнях《オグラッドニャフ》.

試食はできますか？

Може《モジェ》 ли《リ》 да《ダ》 опитам《オピタム》?

おすすめのレストランはありますか？

Кой《コイ》 ресторант《レストランット》 бихте《ビフテ》 ми《ミ》 препоръчали《プレポラチャリ》?

どうやって行けばよいですか？

Как《カク》 мога《モガ》 да《ダ》 отида《オティダ》 там《タム》?

おいしいです

Вкусно《ヴクスノ》 е《エ》.

写真を撮ってもらえますか？

Може《モジェ》 ли《リ》 да《ダ》 ме《メ》 снимате《スニマテ》?

もちろんです

Разбира《ラズビラ》 се《セ》.

私はのどが渇いています

Ожаднях《オジャッドニャフ》.

とても楽しかったです

Беше《ベシェ》 много《ムノゴ》 забавно《ザバヴノ》.

あとがき

バラが咲き誇る季節に、ブルガリアへと旅立った。首都ソフィアでは、大使館の方の勧めで「ソフィア大学東洋言語文化センター」の日本文化祭を訪ね、学生たちが演じる「天照大御神の岩戸隠れ」を観劇。書道や着付けの体験コーナー、茶屋などもあって、日本を愛する人たちが大勢いることをうれしく思った。プロヴディフに滞在したのは、高校の卒業を祝うバル(プロム)のシーズン。街のあちらこちらで、ドレス姿の女子高生が記念撮影をしていたのが印象に残っている。ヴェリコ・タルノヴォの職人街で出会ったノラネコも思い出深い。お気に入りのショップにふらりと入店し、居心地のいい場所を見つけて昼寝をしていた姿がかわいかった。バラ祭り開催中のカザンラクでは、日本語が堪能なアレックスくんと彼の友人たちとともに、バラ摘みの儀式を満喫。母親のゾラトカさんからは、バニッツァのレシピを教わる。ブルガリアのお袋の味が、今も忘れられない。そして、最終目的地のヴァルナ。太陽が降り注ぐビーチで、ブルーの海に癒され、バカンス気分を味わった。

ブルガリアを西から東へと旅する中で、様々な体験をしてきた。人との出会い、目にしたものすべてが私の財産であり、一冊の本にまとめることができたことは、この上ない喜びである。書肆侃侃房の池田雪さん、デザイン担当のKAKOさん、そして取材に協力してくださった皆さんに感謝の言葉を伝えたい。

Sanna

Sanna（サナ）

新潟県生まれ、東京都台東区在住。立教大学法学部卒業。出版社勤務などを経てフリーライターに。ムックやガイドブック、雑誌などに、旅や街歩きの記事を寄稿。人物インタビューも行う。これまでに訪れた国は約65カ国。著書に『スウェーデン 森に遊び街を歩く』『バルト三国 愛しきエストニア、ラトビア、リトアニアへ』（書肆侃侃房）があるほか、『最新改訂版 バックパッカーズ読本』（双葉社）、『おとなの青春旅行』（講談社現代新書）では旅の提案も。

「Sanna の旅ブログ」https://ameblo.jp/travel-lulu

ブルガリアに
遊びに来てね！

KanKanTrip21

ブルガリア 悠久の時を刻む

2019年4月19日　第1版第1刷発行

著　者　Sanna
発行者　田島安江
発行所　株式会社 書肆侃侃房（しょしかんかんぼう）
〒810-0041 福岡市中央区大名2-8-18-501
TEL 092-735-2802 FAX 092-735-2792
http://www.kankanbou.com
info@kankanbou.com

写真　Sanna
写真協力　REPUBLIC OF BULGARIA Ministry of Tourism
制作協力　駐日ブルガリア共和国大使館
在ブルガリア日本国大使館
REPUBLIC OF BULGARIA Ministry of Tourism
日本南東欧経済交流協会
ブックデザイン　増喜尊子（KAKO）
編集　池田雪（書肆侃侃房）
印刷・製本　アロー印刷株式会社

ISBN978-4-86385-358-4

KanKanTripの本

書肆侃侃房の紀行ガイドシリーズです。著者が歩いて感じた旅の雰囲気が伝わるような本になっています。読むだけで楽しめるように、写真もふんだんに盛り込みました。地図や基本情報などの簡単な旅のガイドもついています。

KanKanTrip 1 インド北方のチベット仏教僧院巡りと湖水の郷へ

「ラダックと湖水の郷カシミール」大西久恵

A5/並製/144ページオールカラー
本体1,500円+税/ISBN978-4-86385-058-3

KanKanTrip 2 ヨーロッパ最後の中世

「ルーマニア、遥かなる中世へ」三尾章子

A5/並製/160ページオールカラー
本体1,500円+税/ISBN978-4-86385-095-8

KanKanTrip 3 50の教会。そこに物語があった

「イギリスの小さな教会」大澤麻衣

A5/並製/192ページオールカラー
本体1,600円+税/ISBN978-4-86385-101-6

KanKanTrip 4 ポルトガルの小さな古都

「リスボン 坂と花の路地を抜けて」青目海

A5/並製/160ページオールカラー
本体1,500円+税/ISBN978-4-86385-110-8

KanKanTrip 5 フィーカしよう!

「スウェーデン 森に遊び街を歩く」Sanna

A5/並製/160ページオールカラー
本体1,500円+税/ISBN978-4-86385-116-0

KanKanTrip 6 その青に心を奪われる

「ニューカレドニア 美しきラグーンと優しき人々」前野りりえ

A5/並製/160ページオールカラー
本体1,500円+税/ISBN978-4-86385-142-9

KanKanTrip 7 住んで旅した台湾

「台湾環島 南風のスケッチ」大洞敦史

A5/並製/192ページオールカラー
本体1,600円+税/ISBN978-4-86385-146-7

KanKanTrip 8 おとぎの旅へ

「イギリス鉄道でめぐるファンタジーの旅」河野友見

A5/並製/176ページオールカラー
本体1,500円+税/ISBN978-4-86385-150-4

KanKanTrip 9 四川の食べ歩きガイド

「涙を流し口から火をふく、四川料理の旅」中川正道/張勇

A5/並製/176ページオールカラー
本体1,500円+税/ISBN978-4-86385-152-8

KanKanTrip 10 厚い人情と励ましと

「90日間ヨーロッパ歩き旅」塚口肇

A5/並製/192ページオールカラー
本体1,600円+税/ISBN978-4-86385-154-2

KanKanTrip 11 人生で一番の「遺産」に

「カンボジア・ベトナム・ラオス 長距離バスでめぐる世界遺産の旅」江濱丈裕

A5/並製/192ページオールカラー
本体1,600円+税/ISBN978-4-86385-188-7

KanKanTrip 12 昭和が薫り立つ

「韓国に遺る日本の建物を訪ねて」やまだトシヒデ

A5/並製/160ページオールカラー
本体1,500円+税/ISBN978-4-86385-194-8

KanKanTrip 13 伝統手工芸の聖地

「バルト三国 愛しきエストニア、ラトビア、リトアニアへ」Sanna

A5/並製/192ページオールカラー
本体1,600円+税/ ISBN978-4-86385-216-7

KanKanTrip 14 今と昔へ旅に出る

「おとなの釜山 歴史の迷宮へ」吉貝渉・吉貝悠

A5/並製/176ページオールカラー
本体1,500円+税/ISBN978-4-86385-231-0

KanKanTrip 16 甘美なる夢の世界へ

「麗しのウィーン、音に魅かれて」徳永千帆子

A5/並製/160ページオールカラー
本体1,500円+税/ISBN978-4-86385-256-3

KanKanTrip 17 花と笑顔に包まれて

「聖地サンティアゴへ、星の巡礼路を歩く」戸谷美津子

A5/並製/192ページオールカラー
本体1,600円+税/ISBN978-4-86385-265-5

KanKanTrip 18 魅惑のマラケシュ

「モロッコ 邸宅リヤドで暮らすように旅をする」YUKA

A5/並製/160ページオールカラー
本体1,500円+税/ISBN978-4-86385-281-5

KanKanTrip 19 初めてのチベットへ

「汗と涙と煩悩のチベット・ネパール・インド絵日記」安樂瑛子

A5/並製/192ページオールカラー
本体1,600円+税/ISBN978-4-86385-288-4

KanKanTrip 20 絵で見る大台南

「来た見た食うた ヤマサキ兄妹的 大台南見聞録」ヤマサキタツヤ

A5/並製/176ページオールカラー
本体1,600円+税/ISBN978-4-86385-312-6

KanKanTrip 21 バルカンの地へ

「ブルガリア 悠久の時を刻む」Sanna

A5/並製/176ページオールカラー
本体1,600円+税/ISBN978-4-86385-358-4

KanKanTrip Life

KanKanTrip Life 1 小さな漁師町で過ごした思い出の小箱

「ポルトガル物語 漁師町の春夏秋冬」青目海

A5/並製/176ページオールカラー
本体1,600円+税/ISBN978-4-86385-264-8

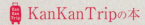